geni@l

Deutsch als Fremdsprache für Jugendliche

Intensivtrainer A2

von
Lutz Rohrmann

in Zusammenarbeit mit
Michael Koenig

Langenscheidt

Berlin · München · Wien · Zürich · New York

Von
Lutz Rohrmann
in Zusammenarbeit mit Michael Koenig
Illustrationen: Theo Scherling und Stephen Bennett (Die Clique)
Umschlaggestaltung: Andrea Pfeifer unter Verwendung eines Fotos von Corbis, Düsseldorf

geni@l

Deutsch als Fremdsprache für Jugendliche

A2 Materialien

Kursbuch A2	3-468-47570-0
CD zum Kursbuch	3-468-47574-8
Cassette zum Kursbuch	3-468-47573-X
Arbeitsbuch A2	3-468-47571-3
CD zum Arbeitsbuch	3-468-47576-4
Cassette zum Arbeitsbuch	3-468-47575-6
Lehrerhandbuch A2	3-468-47572-1
Lernglossar Deutsch-Englisch	3-468-47580-2
Lernglossar Deutsch-Französisch	3-468-47581-0
Lernglossar Deutsch-Italienisch	3-468-47582-9
Lernglossar Deutsch-Spanisch	3-468-47583-7
Testheft A2	3-468-47578-0
Intensivtrainer A2	3-468-47579-9

Symbole

Hier soll ins Heft geschrieben werden.

↓ Hier gibt es Hilfe. Versuche die Aufgabe aber erst ohne die Hilfe.

2 Die folgenden Aufgaben kann man nach Aufgabe 2 im Kursbuch bearbeiten.

Besuchen Sie auch unsere Homepage www.langenscheidt.de/genial

Umwelthinweis: gedruckt auf chlorfrei gebleichtem Papier.

Druck: Druckhaus Langenscheidt, Berlin
Printed in Germany – ISBN 3-468-47579-9

1. 2. 3. 4. 5. | 08 07 06 05 04

Inhalt

Einheit 1

3

1 Freundschaft – Ergänze die Texte a–d.

alles – erzählt – gehen – heißt – helfen – ihm – ihr – intelligent – kann – liebsten – machen – mir – ~~sieht~~ – sind – unterhalten – verlassen – vertraue

a) Der beste Freund für Nina ist Mister Allister.
Sie __sieht__ ihn jeden Tag.
Sie gibt ______________ Futter, sie ______________ ihm alles und er hört ______________ immer zu. Sie lieben beide die Natur.

b) „Mein bester Freund ______________ Rudi. Er ist lustig, ehrlich und sehr ______________. Ich ______________ ihm alles erzählen. Er hilft ______________ immer. Wir ______________ Sport zusammen und wir ______________ uns bei den Hausaufgaben. Wir haben viel Spaß."

c) Frank, Kolja und Dirk sind „dicke Freunde".
Sie machen ______________ zusammen.
Frank sagt: „Auf Kolja und Dirk kann ich mich immer ______________. Ich ______________ ihnen 100 Prozent! Nächstes Jahr machen wir eine Radtour nach Polen."

d) Die beste Freundin von Vera ist Nilgün.
Leider ______________ sie nicht in dieselbe Klasse, aber in der Freizeit ______________ sie immer zusammen. Am ______________ ______________ sie sich über das Thema „Jungen".

4

2 Adjektive aus *geni@l*

a Was passt zusammen? Es sind mehr als 20 Gegensatzpaare möglich. Einige Adjektive bleiben übrig.

alt – billig – ~~blöd~~ – ~~dumm~~ – falsch – fantastisch – feige – freundlich – früh – gesund – glücklich – groß – gut – intelligent – interessant – klein – krank – kurz – lang – langsam – langweilig – laut – leer – leicht – leise – mutig – neu – praktisch – pünktlich – richtig – sauer – schlecht – schnell – schrecklich – schwach – schwarz – schwer – spät – stark – süß – teuer – ~~toll~~ – unfreundlich – unglücklich – unmöglich – unpraktisch – unpünktlich – unwichtig – voll – weiß – wichtig – zufrieden

blöd	toll	dumm	

b Ergänze die Sätze mit den passenden Adjektiven aus 2a.

1. Mach bitte das Radio l__________, es ist mir zu l__________.
2. Ich finde Mathe i__________, aber Erdkunde finde ich l__________.
3. Mein Fahrrad ist a__________, aber es war auch b__________, nur 10 Euro.
4. Die Feier beginnt um 16 Uhr. Bitte kommt p__________. Wir wollen ins Kino gehen.
5. Ich war gestern k__________. Ich hatte Fieber. Aber jetzt bin ich wieder g__________.
6. „28 durch 7 ist 4." Ist das r__________ oder f__________?
7. Mein Freund ist s__________. Er kann 70 Kilo hochheben.
8. Peters T-Shirt ist s__________ und seine Hose w__________. Er mag einfarbige Sachen.

8

3 Komplimente / Vorschläge / gute Wünsche – Was passt zusammen? Ordne zu.

1. Dein T-Shirt gefällt mir. [e]
2. Ist der Füller neu? [ ]
3. Eine Fünf in Mathe. [ ]
4. Viel Glück beim Deutschtest. [ ]
5. Dein Pullover ist toll. [ ]
6. Kommst du mit ins Kino? [ ]
7. Du hast doch heute Geburtstag? [ ]

a) Alles Gute!!
b) Du schaffst das bestimmt.
c) Grün steht dir gut.
d) Ich habe noch eine Karte.
e) War das teuer?
f) Der schreibt bestimmt schön.
g) Das ist ja schrecklich.

12

4 Personalpronomen im Nominativ, Akkusativ oder Dativ

a Ergänze die Tabelle.

Nominativ	ich	du	er	es			ihr	sie/Sie
Akkusativ		dich	ihn		sie	uns		sie/Sie
Dativ	mir			ihm			euch	

b Personalpronomen – Markiere das passende Wort.

1. Ich habe einen Freund. Er hilft mich/ mir /meiner immer.
2. Meine Freundin schreibt nur Einsen in der Schule. Lernen fällt ihr/ihm/es total leicht.
3. Ich habe einen Kanarienvogel. Ich spiele jeden Tag mit es/euch/ihm.
4. Was schenken dir/dich/du deine Eltern zum Geburtstag?
5. ● He, ihr! Gehört der Hund uns/euch/Ihnen?
   ○ Ja, er gehört euch/ihm/uns. Wieso?
   ● Er macht mir/dir/ihm meine Hose kaputt.
   ○ Nein, nein, der tut Ihnen/dich/Sie nichts, der ist ganz lieb, nur etwas wild.

14

5 Auf dem Schulhof – Ergänze die Wörter.

ihr – mir – dass – dass – dass – Hausaufgaben – Streber – Wochen – findet – ~~komisch~~ – ziemlich

Peter: Wie ________________ ihr den Neuen?

Chris: Julian? Der ist ein bisschen ____komisch____.

Peter: Ich finde auch, ________________ er nicht zu uns passt.

Chris: Findet ________________ nicht auch, ________________ er ziemlich arrogant ist?

Peter: Aber total! Zu ________________ sagt er immer, dass seine alte Schule viel besser war.

Benny: Aber er ist ________________ gut in der Schule.

Peter: Na und? Er ist halt ein ________________! Das merkt man doch gleich.

Benny: Na ja, gebt ihm eine Chance! Er ist ja erst zwei ________________ hier.

Chris: Also gut finde ich, ________________ er manchmal bei den ________________ hilft.

Peter: Sieh an, sieh an! Das findet unser Chris natürlich gut, aber sonst …

Chris: Oh, Peter, du bist so blöd, du weißt gar nicht, wie blöd du bist!!

20

6 Informationen weitergeben – Was passt zusammen? Lies Aufgabe 5 noch einmal und schreibe die Sätze.

1. ~~Peter fragt, wie~~	a) er ein Streber ist.
2. Chris sagt, dass er Julian	b) komisch findet.
3. Peter glaubt, dass	c) Julian anderen hilft.
4. Benny findet aber, dass	d) er blöd ist.
5. Chris findet gut, dass	e) Chris Julian nur für die Hausaufgaben braucht.
6. Peter meint, dass	f) man Julian eine Chance geben muss.
7. Chris sagt zu Peter, dass	g) ~~die anderen Julian finden.~~

1 g Peter fragt, wie die anderen Julian finden.

7 Schreibe die Sätze und markiere die Verben im *dass*-Satz.

1. Benny sagt: Ich mag Anna. — Benny sagt, dass er Anna (mag).
2. Sandra meint: Anna ist blöd.
3. Julian sagt: Ich bin kein Streber.
4. Anna findet: Sandra ist arrogant.
5. Benny glaubt: Julian ist eigentlich ganz o.k.
6. Olli erzählt: Ich trage Zeitungen aus.
7. Herr Schmidt findet: Die Klasse ist gut in Mathe.
8. Turbo meint: Klassische Musik ist total interessant.
9. Viele Schüler glauben: Wir haben zu wenig Geld.
10. Viele Eltern meinen: Die Kinder haben zu viel Geld.

8 Deine Meinung über die Schule. Schreibe drei Sätze. Vergleiche in der Klasse.

Ich finde, dass … Ich meine, dass … Ich glaube, dass …

Wortschatz-Hitparade

Nomen

Pluralform / Deine Sprache

die Freundschaft -en / ______

____ Frisör ______

____ Frisörin ______

____ Frisur ______

____ Futter ______

____ Gespräch ______

____ Kompliment ______

____ Meinung ______

____ Mensch ______

____ Natur ______

____ Prozent ______

____ Radtour ______

____ Szene ______

____ T-Shirt ______

____ Wunsch ______

Verben

ausprobieren ______

beobachten ______

beschreiben ______

bitten ______

funktionieren ______

gehören ______

stehen ______

vergleichen ______

verlassen ______

vertrauen ______

vorspielen ______

wiederkommen ______

Adjektive

arrogant ______

böse ______

dick ______

dumm ______

ehrlich ______

feige ______

hilfsbereit ______

mutig ______

nett ______

schwach ______

sportlich ______

traurig ______

treu ______

zuverlässig ______

Andere Wörter und Ausdrücke

genug ______

nächst- ______

niemand ______

selbst ______

sogar ______

überall ______

unbedingt ______

ziemlich ______

9 Adjektive – Welche Adjektive von Seite 8 passen?

1. Jara ist sehr ______________________. Sie spielt in unserer Volleyballmannschaft.
2. Über Probleme will Rolf nie sprechen. Da ist er richtig ____________________.
3. Saskia weiß immer alles besser. Ich finde sie total __________________.
4. Dabei weiß sie meistens gar nichts und versteht auch nichts. Sie ist _______________.
5. Stimmt das, was du sagst? Bist du auch wirklich _______________?
6. Herr Schmidt ist ____________ mit uns, weil wir alle die Hausaufgaben nicht haben.
7. Ich finde Julian sehr _______________. Er erklärt mir immer die Matheaufgaben.

10 Zu welchen Nomen von Seite 8 passen die Erklärungen?

1. Ein Pferd braucht das jeden Tag. Bei Menschen nennt man es „Essen“: __________________
2. Sie macht die Haare schön: __________________
3. Jemandem etwas Schönes, Positives sagen: ein __________________ machen
4. Ein Pferd ist ein Tier und du bist ein: __________________

11 Wichtige Sätze und Ausdrücke – Schreibe in deiner Sprache.

Auf dich kann ich mich immer verlassen. ______________________________

Ich finde dich sehr mutig. ______________________________

Rudi ist mein bester Freund. ______________________________

Ich glaube, dass Freundschaft sehr wichtig ist. ______________________________

Mir gefällt dein neuer Pullover. ______________________________

Chris meint, dass Julian arrogant ist. ______________________________

12 Wichtige Wörter und Sätze für *mich*.

Meine Sprache:	Deutsch:
____________________	____________________
____________________	____________________
____________________	____________________
____________________	____________________
____________________	____________________

Einheit 2

5

1 Die Reise nach Wien – Ergänze die Sätze. Die „Wörter" findest du links.

TEIENBFESRHR	Viele Schüler haben Ende September oder im Oktober eine Woche frei. Das sind die Herbstferien.
LIEZ	Wir machen eine Gruppenreise. Unser ______________ ist Wien.
TENPSEKPRO	Wir informieren uns mit ______________ und mit dem Internet.
HUAEGCTB	Sabrina schreibt ein ______________.
CKLÜITHNP	Alle waren ______________ um elf Uhr am Bahnhof.
WEULNISPARSAEOS	Hast du deinen ______________, Stefan? Ohne ihn kannst du nicht nach Wien fahren.
OFRKFE	Mein ______________ ist sauschwer. Fast 20 Kilo.
FHTUAGZR	Die ______________ nach Wien war super. Eine lange Party!
HGIATCTAMNS	Vormittags gehen wir ins Museum und ______________ haben wir frei.

CERKÜB	Die ______________ führt über die Donau.
CUEHHS	Mist, meine ______________ sind nass und meine Strümpfe auch.
AGMRRPOM	Im ______________ steht, dass wir morgen zum Prater gehen.
RABAHFT	Die ______________ ist um 23 Uhr 35.
NFUTAKN	Die ______________ in Wien ist um 9 Uhr morgens.
DTAPTNASL	Ich weiß nicht mehr, wo wir sind. Ich muss im ______________ nachsehen.
EICHKR	Der Stefansdom ist eine große ______________.
NVIRÄEUTIST	Nach der Schule will ich an der ______________ studieren.
ALTSETHELEL	Entschuldigung, können Sie mir sagen, wo die nächste ______________ vom Bus ist?

9

2 Orientierung in der Stadt – Ergänze den Dialog ↓

- ● Entschuldigung, können Sie mir ___________? Wie ___________ ich zum Bahnhof?
- ○ Du gehst am besten hier ___________ die Brücke und gleich rechts in ___________ Blumenstraße. Dann bis ___________ Bismarckplatz. Dann gehst du immer ___________, am Rathaus vorbei und ___________ den Waldpark. Dann siehst du den Bahnhof.
- ● Danke, also zuerst ___________ die Brücke und dann links …
- ○ Nein, die erste ___________, dann geradeaus am Rathaus ___________ …
- ● Vielen Dank!

die – durch – geradeaus – helfen – komme – rechts – über – über – vorbei – zum

11

3 Ordne die Ausdrücke den Zeichnungen zu.

1. geradeaus 2. an der Ampel vorbei 3. links und dann gleich rechts 4. die Straße entlang 5. über die Kreuzung 6. durch den Park

[a][ ] [b][ ] [c][ ] [d][ ] [e][ ] [f][ ]

4 Ergänze die Sätze. ↓

1. Gehen Sie __über__ die Brücke und dann gleich links.
2. Ich gehe ________ Bahnhof. Ich muss Jutta abholen.
3. Wie komme ich ________ Haltestelle?
4. Geh am Rathaus ________ bis zum Berliner Platz.
5. Geh geradeaus ________ den Berliner Platz und dann ________ den Ebertpark.
6. Gehen Sie am besten hier ________ die Kreuzung und dann gleich rechts in die Alpgasse.
7. Ich bin jetzt i________ Luisenpark beim Spielplatz und warte hier auf dich.
8. Hallo, Erika? Ja, Erika, wir sind schon a________ Bahnhof. Kannst du uns abholen?

am – durch – im – über – über – ~~über~~ – vorbei – zum – zur

5 *Wohin* + Akkusativ

a Schreibe die Sätze.

1. in / der Prater — Gehst du morgen mit in den Prater?
2. an / der Rhein — Wir fahren morgen ___________________.
3. an / das Meer — Im Urlaub fahre ich ___________________.
4. durch / der Wald — Abends joggt mein Vater ___________________.
5. in / das Kino — Kommst du mit ___________________?
6. durch / der Park — Gehen Sie hier ___________________.

b Präpositionen mit Dativ. Ergänze den Tipp und die Sätze.

⚠ __________ und ______ __________ immer mit Dativ.

1. Ich gehe um 14 Uhr z________ Bahnhof.
2. Gehen Sie a____ d_____ Kirche v__________ und dann rechts.

13

6 *Wo* + Dativ, *wohin* + Akkusativ

a Schreibe die Verben zu den Bildern.

1.  ____________
2.  ____________
3.  ____________
4.  ____________
5.  ____________
6.  sein

b Ergänze die Sätze mit den passenden Verben.

1. Henry ____________ an der Haltestelle und wartet auf den Bus. Aber der Bus kommt nicht.
2. Henry ____________ jeden Tag zwei Stunden durch den Wald. Er sagt, dass das gesund ist.
3. Henry ____________ am Samstagabend gerne vor dem Fernseher und sieht die Sportschau.
4. Am Sonntag ____________ er immer auf dem Fußballplatz. Er ist Fußballfan.
5. Henry will im Herbst mit dem Fahrrad ans Meer ____________. Er braucht dazu drei Tage.
6. Am Samstag ____________ Henry immer in den Supermarkt zum Einkaufen.

14

7 Ein Besuch in Heidelberg – Ergänze die Verben in der richtigen Form.

aussehen – fahren – fahren – gehen – geben – ankommen – brauchen – liegen – machen – sehen – sein – sitzen

Liebe Kim,

ich s________ in einem Internetcafé in Heidelberg. Unsere Fahrradtour ist super. Wir sind gestern in Heidelberg a________. Die Stadt ist über 800 Jahre alt und wunderschön. Wir haben von Freiburg nach Heidelberg 12 Stunden g________ und w________ erst um 9 Uhr in der Jugendherberge. Heidelberg l________ am Neckar. Der Fluss, die Altstadt und das Schloss, das s________ alles total romantisch a________. Heute sind wir in der Altstadt spazieren g________. Dort g________ es viele Kneipen und Restaurants und man s________ auch das Schloss von unten (s. Foto). Wir sind dann mit der Bergbahn zum Schloss hoch g________. Toll! Vielleicht m________ wir morgen noch eine Fahrt auf dem Neckar. Übermorgen f________ wir dann weiter durch das Neckartal nach Bad Wimpfen.

16

8 Tagebuch – Bei jedem zweiten Wort fehlt etwa die Hälfte. Ergänze den Text.

27. September

Ein super Tag war das heute. Zehn Stu_ _ _ _ in Wien. Vier Stu_ _ _ _ Stadtrundfahrt. D_ _ Wetter w_ _ fantastisch. W_ _ haben je_ _ _ tausend Wi_ _-Fotos: v_ _ der Staatso_ _ _, hinter d_ _ Oper, ne_ _ _ dem Stephansdom, auf d_ _ Stephansdom, v_ _ dem Burgtheater, i_ Burgtheater und so wei_ _ _ … Abends um se_ _ _ waren al_ _ am Rat_ _ _ _. Wir wa_ _ _ fix u_ _ fertig – u_ _ sauer. Mareike war ni_ _ _ da. Typ_ _ _ _! Sie i_ _ immer zu sp_ _. Wir ha_ _ _ dann e_ _ Foto gem_ _ _ _: Stefan und ich zusammen …

2

Wortschatz-Hitparade

Nomen

Pluralform / Deine Sprache

die Abfahrt -en / ______	____ Kirche ______
____ Altstadt ¨-e ______	____ Kreuzung ______
____ Ankunft ______	____ Meer ______
____ Besuch ______	____ Moment ______
____ Brücke ______	____ Orientierung ______
____ Dom ______	____ Personalausweis ______
____ Dorf ______	____ Plan ______
____ Fahrt ______	____ Platz ______
____ Fluss ______	____ Programm ______
____ Haltestelle ______	____ Skizze ______
____ Herbstferien ______	____ Stadtplan ______
____ Jugendherberge ______	____ Ziel ______

Verben

ansehen	______	informieren	______
besuchen	______	vorbeigehen	______
dauern	______	weitergehen	______
diskutieren	______	zurückfahren	______
(sich) erinnern	______	zurückgehen	______
hineingehen	______		

Adjektive

nah	______	pünktlich	______	schnell	______

Andere Wörter und Ausdrücke

abends	______	die meisten von uns	______	sehr	______
fix und fertig	______	nach	______	unten	______
gleich	______	nachmittags	______	zwischen	______

9 Eine Stadt – Schreibe die passenden Nomen von Seite 14 in das Bild.

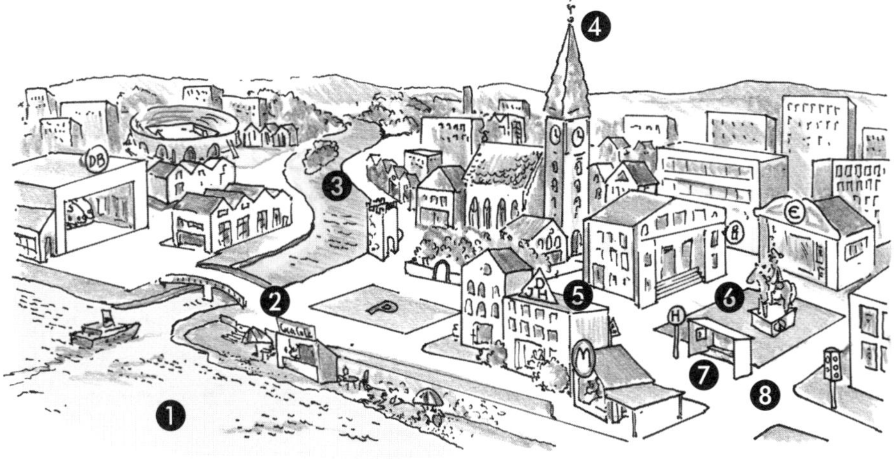

10 Wie heißt das Gegenteil?

hinausgehen ←→ ______________________ hinfahren ←→ ______________________

stehen bleiben ←→ ______________________ vergessen ←→ ______________________

11 Wichtige Sätze und Ausdrücke – Schreibe in deiner Sprache.

Entschuldigung, können Sie mir helfen? ______________________

Entschuldigung, wie komme ich zur Altstadt? ______________________

Gehen Sie / Geh am Dom vorbei und dann rechts. ______________________

Über die Kreuzung und an der zweiten Ampel links. ______________________

Das Rathaus ist am Marktplatz. ______________________

Die Haltestelle ist da vorne an der Kreuzung. ______________________

Gestern waren wir im Zentrum und heute im Schloss. ______________________

12 Wichtige Wörter und Sätze für *mich*.

Meine Sprache:

____
____
____
____
____

Deutsch:

____
____
____
____
____

3

Einheit 3

4

1 Mareikes Postkarte – Ergänze den Text. ↓

L__________ Mutti, __________er Vati,
das ist eine super Reise! G__________ haben wir den Stephansdom gesehen und wir w__________ im Stadtzentrum unterwegs.
Jetzt sind wir im Prater. Vom Riesenrad hat man einen super B__________ auf Wien. Ich bin viel mit Stefan zusammen. Morgen w__________ wir noch auf einen Flohmarkt gehen und dann f__________ wir schon wieder nach Hause. Vielleicht bin ich ja vor der Postkarte da.
Liebe G__________
Mareike

Familie Wenkums
Kaakweg 28
37077 Göttingen

DEUTSCHLAND

Blick • fahren • gestern • Grüße • Liebe • lieb • waren • wollen

2 Sabrinas Tagebuch – Ergänze die Wörter.

Am Vormittag waren wir in der Hofburg. Das h__ __ zwei Stu__ __ __ __ gedauert. Da__ __ haben w__ __ einen Bummel durch d__ __ Stadt gem__ __ __ __. Es h__ __ geregnet, ab__ __ es w__ __ besser a__ __ die Hofburg. Wir ha__ __ __ viel Sp__ __ gehabt u__ __ ein biss__ __ __ __ eingekauft. Spä__ __ __ haben w__ __ im Foto__ __ __ __ __ die Fo__ __ __ abgeholt u__ __ uns in e__ __ Café ges__ __ __ __. Mareike h__ __ sich d__ __ Fotos anges__ __ __ __ __. Stefan und ich Arm in Arm ...

6

3 Mareike ist sauer – Schreibe die *dass*-Sätze.

1. Mareike: „Sabrina und Stefan sind blöd!"
   Sie findet, dass Sabrina und Stefan __________________.
2. Sabrina: „Wir haben auf dich gewartet."
   Sabrina sagt, dass sie __________ Mareike __________________.
   gewartet haben / auf Mareike / sie und Stefan
3. Mareike: „Sabrina und Stefan wollen zusammen sein."
   Mareike weiß, dass __________________________________ wollen.
4. Mareike: „Ich möchte, dass Stefan mich mag und nicht Sabrina."
   Mareike möchte, dass __________________________________.

4 Partizip – Ergänze die Verbformen

abholen	ab ge holt	notieren	notier_______
anschauen	an_______schau_______	ordnen	_______ordne_______
fotografieren	fotografier_______	planen	_______plan_______
haben	_______hab_______	sammeln	_______sammel_______
hören	_______hör_______	suchen	_______such_______
machen	____mach____		

5 Erinnerst du dich an die Lerntipps? Ergänze sie.

R_________________ Verben tun nicht weh, vorne ____- und hinten -____.

Bei Verben auf -__________ kann nichts passieren, ohne *ge*- und hinten -____.

6 Perfekt mit *haben* – Ergänze die Sätze.

1. Gestern ( ) wir eine Party ( ). (machen)
2. Stefan und Sabrina ( ) auf Mareike ( ). (warten)
3. Stefan und Sabrina ( ) ( ). (fotografieren)
4. ( ) ihr schon die Reise im Sommer ( )? (planen)
5. Herr Schmidt ( ) Mathematik ( ). (studieren)
6. Corinna sagt, dass sie früher gern mit Puppen ( ) ( ). (spielen)
7. Mein Vater sagt, dass er früher Briefmarken ( ) ( ). (sammeln)
8. Ich finde, dass wir zu wenig über das Problem ( ) ( ). (diskutieren)

7 Schreibe die Sätze im Perfekt.

1. Mein Vater studiert Mathematik. ______________________________
2. Mein Bruder lernt Latein. ______________________________
3. Hörst du „Eminem"? ______________________________
4. Wir fotografieren im Urlaub. ______________________________
5. Sie planen eine Reise nach Wien. ______________________________
6. Ich arbeite samstags beim Bäcker. ______________________________

3

13

8 Kreuzworträtsel

1. Hier hat die Gruppe in Wien gewohnt.
2. Fluss in Wien
3. Stefan findet seinen Ausweis in seinem ...
4. In der Nebengasse in Wien gibt es einen ...
5. Sabrina schreibt jeden Tag in ihr ...
6. Hier hat Mareike einen Kaffee getrunken.
7. Café mit Milch auf Österreichisch.
8. Süddeutsch für Brötchen.
9. Der Stephansdom ist eine große ...
10. Hier kann man sich im Hotel anmelden.

9 Fragen – Was passt zusammen? Schreibe die Fragen.

1. ~~Wo ist~~
2. Warum hat sie
3. Hat sie die Zeit
4. Hat sie vergessen, dass
5. Hat sie ihre
6. Wer hat sie
7. Kriegen wir
8. Müssen wir
9. Wann kommen
10. Haben wir im Zug

a) den Zug noch?
b) einen Zug später fahren?
c) Plätze reserviert?
d) nicht angerufen?
e) Sachen mitgenommen?
f) wir zu Hause an?
g) wir heute nach Hause fahren?
h) zuletzt gesehen?
i) vergessen?
j) ~~Mareike~~?

1 + j Wo ist Mareike?

16

10 Partizip der unregelmäßigen Verben – Mache eine Tabelle im Heft.

~~denken~~ – ~~nehmen~~ – ~~zurückbringen~~ – ~~anrufen~~ – ~~vergessen~~ – singen – vorlesen – geben – ankommen – beginnen – schreiben – abschreiben – sprechen – aufstehen – laufen – bleiben – wissen – gehen – trinken – sitzen – erzählen – weglaufen – finden – bekommen – nachdenken – kommen – fliegen – helfen – wiederkommen – sein – bringen – mitbringen

ge ...t	ge ...en	...ge...t	...ge...en	ohne ge-
gedacht	genommen	zurückgebracht	angerufen	vergessen

11 Perfekt mit *haben* oder *sein*

a Markiere alle Verben mit *sein*-Perfekt in Aufgabe 10. Aufgabe 16 im Kursbuch und die Wortliste im Kursbuch helfen.
b Schreibe die Sätze.

1. Die Gruppe / nach Wien / fahren — Die Gruppe ist nach Wien gefahren.
2. Sabrina / eine Postkarte / schreiben ______________________
3. Mareike / einfach / weglaufen ______________________
4. Mareike / nicht / kommen ______________________
5. Wir / einen Kaffee / trinken ______________________
6. Stefan / nicht / nachdenken ______________________
7. Meine Eltern / nach Brasilien / fliegen — Meine Eltern sind ______________________
8. Sie / meine Tante / besuchen ______________________
9. Sie / gestern / zurückkommen ______________________
10. Was / sie / in Brasilien / sehen / ? ______________________
11. Sie / nicht viel / erzählen ______________________
12. Sie / bei meiner Tante in Rio / bleiben ______________________

12 Mareikes Schultag – Schreibe den Text.

1. Mareike ... um halb sieben ... (aufstehen) 2. Dann ... mit ihren Eltern ... (frühstücken)
3. Danach ... Stefan ... (anrufen) 4. Stefan ... ihr die Deutschhausaufgaben ... (diktieren)
5. Um Viertel vor sieben ... Mareike mit dem Fahrrad in die Schule ... (fahren)
6. Sie ... sechs Stunden Unterricht ... (haben) 7. Am Nachmittag ... sie Stefan ...(treffen)

Mareike ist um halb sieben aufge...

20

13 Das Ende der Wienreise – Ergänze den Text.

Im Jugendgästehaus hat Mareike Miguel und Jaime aus Spanien getroffen. Jaime h**a t** sie gef**r a g t**: „Wir fah__ __ __ zum Pra__ __ __, kommst du m__ __?" Mareike w__ __ begeistert. „I__ __ war sc__ __ __ da, i__ __ kann eu__ __ alles zei__ __ __", hat s__ __ gesagt. D__ __ Riesenrad u__ __ Jaime ha__ __ __ ihr ec__ __ gut gefa__ __ __ __. Sie h__ __ die Ze__ __ vergessen. Um se__ __ __ hat s__ __ einen B__ __ genommen, ab__ __ der i__ __ in d__ __ falsche Rich__ __ __ __ gefahren. Ku__ __ vor sie__ __ __ war s__ __ im Westb__ __ __ __ __ __ und h__ __ die Gru__ __ __ gesucht. Ab__ __ niemand w__ __ da. S__ __ hat im Jugen__ __ __ __ __ __ __ angerufen. Ste__ __ __ war am Tel__ __ __ __: „Gut, da__ __ nichts pass__ __ __ __ ist. Die Spanier sind gerade zurückgekommen und haben gesagt, dass du am Westbahnhof bist. Wir sind gleich da."

Wortschatz-Hitparade

Nomen

Pluralform / Deine Sprache

die Bank ¨-e / -en

_____ Bewegung __________

_____ Blick __________

_____ Café __________

_____ Flohmarkt __________

_____ Ingenieur __________

_____ Ingenieurin __________

_____ Mist __________

_____ Mittag __________

_____ Möglichkeit __________

_____ Polizei __________

_____ Rathaus __________

_____ Ruhe __________

_____ Richtung __________

_____ Spaziergang __________

_____ Stichwort __________

_____ Unterschrift __________

_____ Vormittag __________

Verben

anschauen __________

duschen __________

frühstücken __________

gehen __________

halten __________

helfen __________

mitnehmen __________

nachdenken __________

packen __________

reservieren __________

sich setzen __________

studieren __________

telefonieren __________

umsteigen __________

verlieren __________

verpassen __________

verwenden __________

weggehen __________

wegnehmen __________

zurückkommen __________

Adjektive

echt __________

klasse __________

falsch __________

wirklich __________

Andere Wörter und Ausdrücke

bei __________

danach __________

dass __________

hoffentlich __________

wegen __________

14 Verben – Ergänze die Sätze mit Verben aus der Liste in der passenden Form.

1. In Wien muss du dir unbedingt den Stephansdom ________________.
2. Morgens ________________ ich immer nur wenig. Mittags habe ich dann richtig Hunger.
3. Der Bus ________________ direkt an der Hofburg.
4. Mist, wir haben den Bus ________________! Jetzt müssen wir laufen.
5. Können Sie uns ________________? Wie kommen wir zum Kunsthistorischen Museum?
6. Fahrt mit der U-Bahn ins Zentrum. Dort könnt ihr in den Bus ________________.
7. Ich möchte für morgen Karten im Burgtheater ________________.
8. Hast du deinen Eltern schon eine Postkarte ________________?
9. Ich bin so müde. Ich ________________ jetzt erst mal in ein Café und ruhe mich aus.
10. Morgen früh müsst ihr zuerst eure Sachen ________________. Wir müssen um 10 aus dem Jugendgästehaus raus.
11. Zuerst ________________ ich, dann putze ich mir die Zähne und dann gehe ich frühstücken.

15 Wichtige Sätze und Ausdrücke – Schreibe in deiner Sprache.

Wir haben viel Spaß gehabt. ________________

Ich habe in Spanien gelebt. ________________

Ich bin um 7 Uhr aufgestanden. ________________

Du warst eine halbe Stunde zu spät. ________________

Gestern haben wir eine Arbeit geschrieben. ________________

Einen Tee und eine Cola, bitte. ________________

Liebe Anne, lieber Paul … ________________

Liebe Grüße … ________________

deine Tina ________________

16 Wichtige Wörter und Sätze für *mich*.

Meine Sprache:	Deutsch:
________________	________________
________________	________________
________________	________________
________________	________________
________________	________________

Einheit 4

5

1 Über Aussagen berichten – Schreibe die Aussagen als *dass*-Sätze. Markiere die Verben.

1. Tom: Die Nachrichten sind langweilig. (findet)
2. Sandra: Kartenspielen ist besser als Fernsehen. (meint)
3. Tom: Ich (→ er) sehe nicht gern fern. (sagt)
4. Mareike: Ich (→ sie) liebe Stefan. (glaubt)
5. Toms Mutter: Tom sieht zu viel fern. (meint)
6. Sandras Vater: Sandra telefoniert zu viel mit dem Handy. (findet)
7. Corinna: Ich (→ sie) treffe meine (→ ihre) Freundinnen immer am Kiosk. (erzählt)
8. Herr Schmidt: Ich (→ er) habe die Mathearbeit nicht gefunden. (erzählt)
9. Anna: Ich (→ sie) habe gern in Jena gelebt. (sagt)
10. Sandra: Am Anfang haben wir (→ sie) Anna nicht gemocht. (erzählt)

Tom findet, dass die Nachrichten langweilig sind.

7

2 No-Media – Wie ist das bei dir? Schreibe die Aussagen zu Ende. ↓ : Du kannst auch die Ausdrücke unten zu Hilfe nehmen.

1. Ich mache keine Reise ohne ____________________.
2. Ich finde, dass Bücher ____________________.
3. Ich brauche einen Computer, aber ____________________.
4. Ich nehme ein Radio mit. Dann ____________________.
5. Zeitungen ____________________.

sind langweilig – der ist sehr teuer – wichtig sind – mein Handy – kann ich immer Musik hören

3 *aber* – Schreibe die Sätze.

1. Ich spiele gern Gameboy, aber ich darf nur ____________________.
   ich / nur / dürfen / eine Stunde am Tag / spielen
2. Meine Mutter liest gern, aber ____________________.
   sie / haben / wenig Zeit
3. Mein Bruder sieht viel fern, aber ____________________.
   er / machen / auch viel Sport
4. Ich bekomme wenig Taschengeld, aber ____________________.
   ich / Geld verdienen / im Supermarkt
5. Mein Onkel ist Lehrer, aber ____________________.
   er / total nett / sein

8

4 Wörter – Hier sind die neuen Wörter aus Aufgabe 8 im Kursbuch.

a Überpüfe: Kennst du die Wörter alle?

b Welche passen in die Sätze 1–14? Ergänze. Bei den Verben musst du auf die Verbform achten und bei den Nomen auf den Plural.

Fantasie – modern – verdienen – Industrie – elektronisch – Melodie – klingeln – Tendenz – steigen – Symbol – ~~schicken~~ – erreichen – praktisch – Trend – Markt – Chance – Experte/Expertin – zwar – ersetzen – leicht – transportieren – speziell – Bücherei – Literatur – Geschichte – Welt – Figur – Abenteuer – beliebt – früher – prüfen – gegen

1. Mein Onkel hat mir aus den USA einen Brief mit 50 Dollar geschickt.
2. Der neuste ____________ bei Handys sind Handys mit Fernseher.
3. Ein Handy mit Fotoapparat finde ich ____________, weil ich die sofort verschicken kann.
4. Meine Eltern haben nichts ____________ Computer, aber ich darf nur selten spielen.
5. Ich bin zwar kein/e ____________ am PC, aber ich kenne mich gut aus.
6. Ich kaufe selten Bücher, ich leihe sie lieber in der ____________ aus.
7. Mein Bruder liebt ____________literatur mit Geschichten aus fremden Ländern.
8. Früher waren Indianergeschichten sehr ____________. Alle haben sie gelesen.
9. *Lord Voldemort* ist eine wichtige ____________ in dem Roman „Harry Potter".
10. Die ____________ produziert heute immer billigere elektronische Produkte.
11. Hat dein Handy auch 200 verschiedene ____________ als Klingeltöne?
12. Ich habe dich gestern fünfmal angerufen, aber nie ____________.
13. Die E-Mail hat heute den Brief und das Fax schon fast ganz ____________.
14. Der ____________ für Elektronik ist riesig, das ist ein Milliardengeschäft.

13

5 Schreibe die Komparativformen und markiere die unregelmäßigen Formen. ↓

gut ____________

schnell ____________

lang länger

klein ____________

viel ____________

groß ____________

gern ____________

~~länger~~ – mehr – größer – lieber – schneller – besser – kleiner

6 Vergleiche: … *als* (+/–), *genau so … wie* (=), *nicht so … wie* (≠) Schreibe die Sätze wie im Beispiel.

1. =	Sibylle / Karin / groß	Sibylle ist	genauso groß wie Karin.
2. ≠	Sibylle /Tanja / groß	Sibylle ist	nicht so groß …
3. +/–	Sibylle / Barbara / groß	Sibylle ist	größer
4. =	Fernsehen / Kino / schön	Fernsehen ist	________________
5. ≠	Fernsehen / Lesen / schön	Fernsehen ist	________________
6. +/–	Fernsehen / Arbeiten / schön	Fernsehen ist	________________
7. =	Ein Computer / ein Laptop / viel	Ein Computer kostet	________________
8. ≠	Ein Computer / ein Auto/ viel	Ein Computer kostet	________________
9. +/–	Ein Computer / ein Handy / viel	Ein Computer kostet	________________
10. =	Ich lese / ich höre Musik / gern	Ich lese	genauso gern, wie ich Musik höre.
11. ≠	Ich lese / ich höre Musik / gern	Ich lese	nicht
12. +/–	Ich lese / ich höre Musik / gern	Ich lese	________________

7 Peter Kunzler – Ergänze den Text.

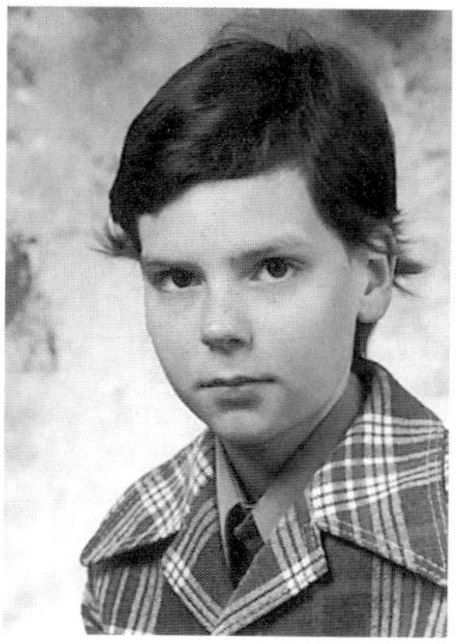

Vor 30 Jahren war alles anders: Telefon, Fernseher usw. Als ich zwölf war, hatte i_ _ z. B. kein Handy. N_ _ meine Eltern hat_ _ _ ein Telefon. W_ _ Kinder durften ni_ _ _ so lange spre_ _ _ _. Telefonieren war vi_ _ teurer als he_ _ _. Meine Eltern hat_ _ _ einen Fernseher. I_ _ wollte immer ge_ _ _ die Filme am Ab_ _ _ sehen. Aber i_ _ durfte nicht. W_ _ hatten auch wen_ _ _ _ Programme als he_ _ _: nur drei.

Mu_ _ _ hören war zu Ha_ _ _ immer ein Pro_ _ _ _. Ich konnte Mu_ _ _ nie laut hö_ _ _, immer mussten w_ _ leise sein. Manc_ _ _ _ durften wir au_ _ ins Kino ge_ _ _. Das war to_ _! Wir hatten kei_ _ _ Computer und ke_ _ Internet. Wir hat_ _ _ Bücher und Com_ _ _. Wir konnten ke_ _ _ E-Mails schreiben, ab_ _ Briefe. In uns_ _ _ _ Klasse hatten vi_ _ _ einen Brieffreund od_ _ eine Brieffreundin. Einmal durfte ich sogar meinen Brieffreund Jack in London besuchen. Wir haben heute noch Kontakt.

8 Wiederholung: Perfekt – Schreibe die Sätze.

1. Ich schreibe viele Briefe. — Früher habe ich ______.
2. Er spielt gerne Lego. — Als Kind ______.
3. Sie telefonieren nicht so oft. — Früher ______.
4. Wir fahren in den Ferien nach Polen. — Letztes Jahr ______.
5. Geht ihr ins Kino? — S______ gestern ______?
6. Rufst du mich an? — H______ vorgestern ______?

9 Präsens und Präteritum von *sein* und *haben*. Notiere die Formen im Heft.

ich	bin	war	habe	hatte
du				

10 Präteritum der Modalverben

a Mache eine Tabelle im Heft: Präsens und Präteritum.

ich	kann	konnte	darf	durfte	muss	musste	will	wollte
du	kannst							

b Ergänze die passenden Modalverben oder *sein/haben* im Präteritum.

Als ich vier Jahre alt war, durfte ich endlich in den Kindergarten. Ich w______ schon mit drei gehen, aber ich k______ nicht, weil kein Platz da w______. Ich h______ immer viel Spaß im Kindergarten, aber mit sechs w______ ich unbedingt in die Schule gehen. Mit sieben h______ ich dann schon keine Lust mehr und ich w______ lieber zu Hause bleiben und spielen. Aber ich d______ nicht.
Mein Bruder w______ viel besser als ich. Der w______ immer gern in die Schule gehen. Meine Schwestern w______ noch besser. Sie h______ überall nur gute Noten, sie m______ nie viel lernen und k______ viel mehr spielen als ich. Aber ich habe es doch geschafft. Mit zehn d______ ich auf das Gymnasium. Jetzt bin ich 14 und habe noch vier Jahre bis zum Abitur. Uff!

Wortschatz-Hitparade

Nomen

Pluralform / Deine Sprache

das Abenteuer -/ ____________________
_____ Brieffreund ____________________
_____ Brieffreundin ____________________
_____ Bücherei ____________________
_____ Chance ____________________
_____ Experte ____________________
_____ Expertin ____________________
_____ Fantasie ____________________
_____ Figur ____________________
_____ Geschichte ____________________
_____ Industrie ____________________
_____ Kontakt ____________________
_____ Liste ____________________
_____ Literatur ____________________
_____ Markt ____________________
_____ Melodie ____________________
_____ Nachhilfe ____________________
_____ Nachricht ____________________
_____ Nachteil ____________________
_____ PC ____________________
_____ Ratte ____________________
_____ Schulhof ____________________
_____ Spielfilm ____________________
_____ Spinat ____________________
_____ Symbol ____________________
_____ Trend ____________________
_____ Vorteil ____________________
_____ Welt ____________________

Verben

erlauben ____________
erreichen ____________
ersetzen ____________
gehen ____________
klingeln ____________
prüfen ____________
schicken ____________
singen ____________
steigen ____________
transportieren ____________
verdienen ____________
vergleichen ____________
vorlesen ____________
werden ____________

Adjektive

beliebt ____________
billig ____________
elektronisch ____________
hoch ____________
leicht ____________
leise ____________
modern ____________
praktisch ____________
spannend ____________

Andere Wörter und Ausdrücke

bei ____________
dagegen ____________
darüber ____________
doch ____________
früher ____________
gegen ____________
nie ____________
usw. ____________
z. B. ____________
zwar ____________
wenig ____________

11 Computerwörter – Arbeite mit dem Wörterbuch und ergänze die Wörter.

12 Ergänze die Sätze mit Verben oder Adjektiven aus der Hitparade in der passenden Form.

1. Ich kann heute nicht zur Party kommen. Meine Mutter hat es nicht ________________.
2. Ich jobbe im Supermarkt. Ich muss Geld ________________, weil ich einen Computer kaufen will.
3. Bevor du einen Computer kaufst, musst du unbedingt die Preise ________________.
4. Ach was, bei „PlutoElektronik" ist meistens alles viel ________________ als in anderen Läden.
5. Wo warst du gestern? Ich habe dich zehnmal angerufen und nie ________________.
6. Kennst du „Diabola"? Das ist ein Computerspiel. Es ist total ________________.

13 Wichtige Sätze und Ausdrücke – Schreibe in deiner Sprache.

Das finde ich auch/nicht. ________________

Computerspiele machen Spaß, aber ... ________________

Ich brauche ein Radio mit CD-Player. ________________

Fernsehen ist einfacher und besser als Lesen. ________________

Computer interessieren mich nicht so sehr wie ... ________________

Als ich klein war, hatten wir noch kein Internet. ________________

Vor fünf Jahren habe ich zum ersten Mal ... ________________

14 Wichtige Wörter und Sätze für *mich*.

Meine Sprache:	Deutsch:
________________	________________
________________	________________
________________	________________
________________	________________
________________	________________

Einheit 5

Lust auf Lesen

Städterätsel

Hier findest du drei Porträts von Städten in Deutschland, Österreich und der Schweiz. Aber welcher Text und welche Bilder passen zu welcher Stadt?

1 Ich bin Marco. Meine Stadt ist die größte in meinem Land. Wir haben einen großen Fluß, der an der Stadt vorbeifließt. D.h., so groß ist er bei uns noch gar nicht, aber er ist einer der längsten Flüsse Europas. Am Ende fließt er in die Nordsee. Im Sommer kann man bei uns darin baden und sogar windsurfen.
Meine Stadt finde ich richtig gut, weil man viel unternehmen kann. Es gibt eine tolle Musikszene, aber auch viele Museen und einen super Zoo, der für seine Gorillas und Orang-Utans berühmt ist. Und wir haben es nicht weit in die Berge, wo wir im Winter Ski fahren können.
Die Stadt ist sehr alt. Schon vor über 2000 Jahren haben hier Leute gewohnt. Aber mit ihrem Namen ist sie seit 374 bekannt. Im Mittelalter hat es bei uns mal eine Katastrophe gegeben, die Pest. Da sind hier fast die Hälfte der Einwohner gestorben.
Aber heute geht es den meisten Leuten hier gut. Das berühmteste Fest bei uns ist die Fastnacht Ende Februar oder Anfang März. Da kommen Leute aus der ganzen Welt zu uns, um die Narren mit ihren alten Masken zu sehen.

2 Hi! Ich heiße Sara und komme aus … hoops, das darf ich ja nicht sagen. Jedenfalls müsst ihr unbedingt mal hierher kommen, bei uns steppt nämlich der Bär! Ja, der Bär!! Das ist nämlich unser Wappentier.
Meine Stadt finde ich toll. Ich lebe gern hier. Klar gibt es auch Probleme, weil die Stadt fast kein Geld mehr hat, aber es ist viel los bei uns. Hier leben Menschen aus der ganzen Welt zusammen. Die Musikszene ist die beste im Land, es gibt jede Menge Museen zu allen Themen und natürlich auch Theater. Jedes Jahr haben wir ein großes Filmfestival.
Im Sommer kann man in die Umgebung fah-

ren und findet ganz viele Seen zum Baden und man kann ganz toll Rad fahren, weil es hier keine Berge gibt. Zur Ostsee sind es auch nur zwei Stunden.
Bei uns hat man die „Currywurst“ erfunden. Das ist die beste Wurst der Welt.
In den 20er Jahren im letzten Jahrhundert war meine Stadt schon mal spitze. Da trafen sich hier die wichtigsten Künstler aus der ganzen Welt. Aber dann kamen die Nazis und der Krieg und dann war meine Stadt total kaputt. Meine Oma hat mir Bilder gezeigt. Das könnt ihr euch nicht vorstellen. Alles war zerstört. Und dann war meine Stadt 40 Jahre lang in Ost und West geteilt. Da hat es eine Mauer mitten durch die Stadt gegeben. Aber seit 1990 ist es wieder eine Stadt und inzwischen auch wieder die Hauptstadt von meinem Land.

3 Servus, ich bin die Steffi. Meine Stadt ist sehr schön, finde ich. Über der Stadt liegt eine große Burg und wir haben viele alte Kirchen. Im Sommer kommen viele Touristen zu uns.
Die Stadt ist die Hauptstadt von einem Bundesland, das genauso heißt wie die Stadt. Sie hat eine lange Geschichte. Seit dem 8. Jahrhundert hat ein Erzbischof seinen Sitz hier.

Aber wirklich berühmt ist sie, weil hier einer der berühmtesten Musiker der Welt zur Welt gekommen ist. Mit fünf Jahren war er schon ein Superstar und ist überallhin auf Tournee gegangen. Mit 13 wurde er Konzertmeister, aber da hat er nur Probleme bekommen, weil er sich mit seinem Chef nicht gut verstanden hat. Mit 25 ist er dann nach Wien gegangen. Er hatte zwar keinen festen Job, hat aber jede Menge super Musik geschrieben und Mega-Partys gefeiert. Sein Vater war natürlich nicht begeistert davon. Mit 35 war er dann schon tot, und bis heute weiß keiner so genau, warum er gestorben ist. Jedenfalls ist meine Stadt sein Geburtsort und sie profitiert heute noch davon.

6

Einheit 6

5

1 Ergänze die Aussagen von Marco, Klaus und Steffi.

1. Also, ich __treibe__ gern Sport. Das ist nicht immer so einfach, weil ich im Rollstuhl s__________ muss, a__________ es geht. Wir haben bei uns im Dorf einen Basketballclub für Rollstuhlfahrer und wir spielen und t__________ jeden Sonntag und das macht v__________ Spaß. Für m__________ ist Sport wichtig, weil ich dann das Gefühl habe, d__________ ich etwas für m__________ Körper mache und w__________ bei uns in der Gruppe v__________ nette Leute sind. Ich f__________ es auch toll, weil wir oft in andere Städte fahren und g__________ andere Teams s__________. Und da freue ich mich immer, wenn u__________ Team g__________!

aber – dass – finde – gegen – gewinnt – meinen – mich – sitzen – spielen – trainieren – ~~treibe~~ – unser – viel – viele – weil

2.
Eigentlich m__________ ich Sport überhaupt n__________.
Den Fußball und das Trikot h__________ ich nur für das Foto dabei.
Ich finde Sport viel zu g__________. In der Schule m__________ wir immer nur Fußball spielen und da habe ich mich schon oft v__________.
Für Sport habe ich k__________ Zeit. Ich sitze l__________ zu Hause und l__________ ein spannendes Buch.

gefährlich – habe – keine – lese – lieber – mag – müssen – nicht – verletzt

3.
Ja, für mich ist S__________ wichtig. Am liebsten spiele ich T__________.
Ich gehe zweimal in der W__________ zum T__________, weil ich gerne fit bin, und das ist auch gut für die F__________. Vielleicht werde ich später einmal ein ______________ so wie Steffi Graf. Dann verdiene ich viel G__________.

Figur – Geld – Sport – Tennis – Tennisprofi – Training – Woche

8

2 Das Sportabzeichen – Nummeriere in der richtigen Reihenfolge und mache aus den Sätzen einen Text.

In Deutschland machen viele Menschen ...

[ ] Beim ersten Mal bekommt man
[ ] ist nicht wichtig und
[ ] Hauptsache, man macht Sport und schafft
[1] In Deutschland machen viele
[ ] es ist auch nicht so wichtig, wer am schnellsten läuft
[ ] eine bestimmte Mindestleistung.
[ ] Wenn man zum dritten Mal mitgemacht hat,
[ ] Menschen das Sportabzeichen. Das Alter
[ ] oder am höchsten springt.
[ ] eine Medaille in Bronze, beim zweiten Mal in Silber.
[ ] bekommt man eine Goldmedaille.

12

3 Rekorde – Ergänze die passenden Adjektive in der Superlativform.

teuer • schnell • schön • lang • berühmt • hoch • klein

1. Der ________________ Mann der Erde war Robert Pershing Wadlow mit 2,72 Meter. Er ist mit 22 gestorben.
2. Der ________________ Karneval ist der von Rio de Janeiro. Jährlich sehen ihn hunderttausende von Menschen.
3. Der ________________ Berg ist der Mount Everest. Er ist 8848 Meter hoch.
4. Das ________________ Bundesland Deutschlands ist Bremen. Es hat nur 404 Quadratkilometer.
5. Die Schweizer sagen: Der ________________ Berg in den Alpen ist das Matterhorn. Aber nur, wenn man den Berg von der Schweiz aus sieht.
6. Das ________________ Hotelzimmer gibt es im Atlantis Resort auf den Bahamas. Eine Nacht kostet 25.000 Dollar.
7. Das ________________ Passagierflugzeug war die Concorde. Eine Maschine steht heute im Technik-Museum in Sinsheim bei Heidelberg.

17

4 **Suchrätsel – Hier findest du mehr als 35 Wörter zu den Themen: Sport, Körper und Krankheit. Ordne sie in die Tabelle ein.**

O	B	S	H	A	N	D	B	A	L	L	C	I	D	A	S	N	R	R
H	O	C	K	V	C	S	K	A	T	E	N	E	R	L	C	J	A	D
R	S	H	Ö	Y	N	V	O	R	Ü	C	K	E	N	C	H	T	D	K
H	M	U	R	M	F	O	P	E	W	E	R	F	E	N	N	I	F	G
O	C	L	P	P	E	L	F	N	Y	K	U	K	C	L	U	W	A	E
C	S	T	E	H	W	L	W	N	T	O	G	N	H	R	P	E	H	F
H	P	E	R	R	G	E	E	E	C	P	B	I	A	E	F	L	R	Ä
S	O	R	I	U	H	Y	H	N	G	F	Y	E	M	K	E	T	E	H
P	R	Z	A	H	N	B	G	H	U	S	T	E	N	O	N	R	N	R
R	T	I	B	M	H	A	L	S	S	C	H	M	E	R	Z	E	N	L
I	P	F	W	P	V	L	T	Y	I	H	A	L	S	D	O	K	C	I
N	L	S	Q	K	E	L	Y	C	Y	M	N	A	S	E	Q	O	J	C
G	A	P	D	M	R	K	Ö	R	P	E	R	T	E	I	L	R	F	H
E	T	O	S	I	L	B	E	R	Z	R	D	H	A	N	D	D	A	I
N	Z	R	O	X	E	M	U	N	D	Z	N	U	R	K	U	N	D	E
K	W	T	V	R	T	S	Z	I	M	E	D	A	I	L	L	E	M	K
K	R	A	N	K	Z	S	E	K	O	N	L	A	U	F	E	N	V	O
K	A	R	A	T	E	W	E	I	T	S	P	R	I	N	G	E	N	L
N	F	T	Q	N	R	X	J	T	U	R	N	E	N	H	H	N	D	N

Sport	Körper	Krankheit
Handball, skaten	die Schulter, -n	

5 Krank oder gesund sein – Ordne die passenden Wörter oder Ausdrücke zu.

Beine – Bauchweh – ~~fit~~ – Hals – Bauch – krank – Halsschmerzen – gesund – Kopfweh – Ohren – erkältet – Ohrenschmerzen – Füße – Arme – Rücken – ~~Knie~~

Ich bin gesund. Ich habe ______.
Ich bin ______. Ich habe ______.
Ich bin ______. Ich habe ______.
Ich bin ______. Ich habe ______.

Mein Knie tut weh. Meine ______ tun weh.
Mein ______ tut weh. Meine ______ tun weh.
Mein ______ tut weh. Meine ______ tun weh.
Mein ______ tut weh. Meine ______ tun weh.

20

6 *Weil* oder *dass*

a **Markiere in a–h alle Verben.**
b **Schreibe die Nebensätze mit der passenden Konjunktion und markiere wieder die Verben.**

1. Es tut mir Leid … — a) Ich kann morgen nicht kommen.
   Es tut mir Leid, dass ich morgen nicht kommen kann.
2. Ich kann morgen leider nicht kommen … — b) Ich bin erkältet.
   ______
3. Peter ist verletzt … — c) Er hat beim Turnen nicht aufgepasst.
   ______
4. Mein Vater schreibt mir eine Entschuldigung … — d) Ich war gestern nicht in der Schule.
   ______
5. Er schreibt … — e) Ich habe Fieber gehabt.
   ______
6. Herr Schmidt hat gesagt … — f) Der Mathetest wird schwer.
   ______
7. Der Test wird leicht … — g) Wir kennen ihn schon.
   ______
8. Aber Herr Schmidt weiß nicht … — h) Wir kennen ihn schon.
   ______

Wortschatz-Hitparade

Nomen

Pluralform / Deine Sprache

das Alter Sg. / ______

____ Arm ______

____ Auge ______

____ Bauch ______

Bauchschmerzen ______

____ Bein ______

____ Brust ______

____ Daumen ______

____ Ergebnis ______

____ Erkältung ______

____ Finger ______

____ Fuß ______

____ Gesicht ______

____ Grippe ______

____ Haar ______

____ Hals ______

Halsschmerzen ______

____ Hand ______

____ Husten ______

____ Knie ______

____ Kopf ______

Kopfschmerzen ______

____ Kopfweh ______

____ Körper ______

____ Körperteil ______

____ Mund ______

____ Nase ______

____ Ohr ______

____ Punkt ______

____ Rücken ______

____ Schnupfen ______

____ Schulter ______

____ Sportart ______

____ Zahn ______

Verben

ausruhen ______

auswählen ______

beantworten ______

begründen ______

erkennen ______

gewinnen ______

laufen ______

legen ______

malen ______

mitmachen ______

organisieren ______

rennen ______

springen ______

stattfinden ______

wählen ______

Adjektive

elegant ______

erkältet ______

fit ______

gefährlich ______

krank ______

verschieden ______

Andere Wörter und Ausdrücke

aus ______

dafür ______

ein bisschen ______

einmal ______

sofort ______

Sport treiben ______

7 Ergänze die Sätze mit passenden Verben aus der Hitparade. Achte auf die Verbform.

1. Ich kann deine Frage leider nicht ______________________.
2. Wir spielen jeden Sonntag Fußball, aber wir ______________________ fast nie.
3. Nach den Hausaufgaben geh ich immer eine Stunde ______________________.
4. Nach der Schule ______________ ich mich etwas ________ und dann lerne ich.
5. In der 7. Klasse können wir zwischen Latein oder Französisch ______________________.
6. Bitte ___________ eure Hefte auf den Tisch. Ich möchte die Hausaufgaben kontrollieren.
7. Ich habe keine Zeit, ich muss noch unser Fest ______________________.
8. Kann ich bei euch ______________________? Ich bin gut im Volleyball.

8 Adjektive – Finde das Gegenteil in der Hitparade.

gesund ______________________

unmodisch ______________________

gleich ______________________

untrainiert ______________________

sicher ______________________

9 Wichtige Sätze und Ausdrücke – Schreibe in deiner Sprache.

Ich treibe viel Sport, weil … ______________________

Wer kann am schnellsten laufen? ______________________

Nach dem Sport bin ich immer total kaputt. ______________________

Mein Bein tut weh. ______________________

Ich habe Halsschmerzen. ______________________

Ich bin erkältet. ______________________

10 Wichtige Wörter und Sätze für *mich*.

Meine Sprache:

____

____

____

____

____

Deutsch:

____

____

____

____

____

Einheit 7

7

1 Ergänze die Texte.

Herbie

Das Thema Mode interessiert ihn eigentlich über_ _ _ _ _ nicht. Se_ _ _ Mutter le_ _ morgens d_ _ Kleidung h_ _ und er zi_ _ _ sie an. Er m_ _ sportliche Sac_ _ _, bequeme Je_ _ _, T-Shirts, Gr_ _ _: XL. D_ _ Farbe i_ _ ihm eg_ _. Am lieb_ _ _ _ zieht er im Mom_ _ _ das dun _ _ _ Sweatshirt an. Se_ _ bequem. Er h_ _ auch ei_ _ Mütze, d_ _ dazu pa_ _ _. Wichtig si_ _ die Sch_ _ _. Sportschuhe fin_ _ _ er g_ _. Die tragen im Moment alle in seiner Klasse.

Alexa

Sie sagt, dass sie ein Sommertyp ist. Sie m_ _ helle, son_ _ _ _ Farben. S_ _ geht o_ _ mit ih_ _ _ Freundin Il_ _ _ einkaufen. Na ja, ni_ _ _ richtig. Meis_ _ _ _ probieren s_ _ im Kauf_ _ _ _ nur ne_ _ Sachen an. Spä_ _ _ geht`s_ _ dann m_ _ ihrer Mut_ _ _ und s_ _ kaufen d_ _ Sachen manc_ _ _ _. Man ka_ _ auch Klei_ _ _ _ selbst mac_ _ _. Zum Beis_ _ _ _ Blusen. D_ _ ist bill_ _ _ _. Manchmal gi_ _ es e_ _ bisschen Str_ _ _. Ihre Mutter mag keine kurzen Röcke.

2 62 Adjektive aus geni@l – Wie viele Gegensatzpaare findest du? Einige Adjektive bleiben übrig.

~~aggressiv~~ – allein – altmodisch – beliebt – billig – böse – dick – dumm – dünn – dunkel – ehrlich – elegant – eng – falsch – feige – fern – fit – ~~friedlich~~ – fröhlich – furchtbar – gefährlich – gemeinsam – gepunktet – gestreift – gesund – gleich – häufig – hell – hoch – kalt – klug – krank – kreativ – laut – leicht – leise – modern – mutig – nah – nett – niedrig – praktisch – pünktlich – richtig – ruhig – salzig – schwach – spannend – selten – sportlich – still – süß – traurig – treu – unbeliebt – unehrlich – unsportlich – untreu – verschieden – viel – warm – weit – wenig – zuverlässig

aggressiv – friedlich

3 Einkaufsgespräche – Welche Reaktionen (a–l) passen zu den Äußerungen 1–4?

1. Wie findest du die grüne Bluse?
   c, d, f
2. Haben Sie die Bluse auch in 38?
   ____
3. Mir gefällt der rote Rock gar nicht.
   ____
4. Möchten Sie den Schal kaufen?
   ____

a) Aber der steht dir gut.
b) Da muss ich nachschauen. Einen Moment bitte.
c) Die find ich gut.
d) Die gefällt mir gar nicht.
e) Du hast Recht, der sieht blöd aus.
f) Ich bin noch nicht sicher.
g) Ich glaube nicht.
h) Ja, aber nicht in Grün.
i) Ja, wo ist die Kasse?
j) Nein, der ist mir doch zu teuer.
k) Passt die dir?
l) Probier ihn doch mal in Blau.

4 Kleidung – Ergänze die passenden Kleidungsstücke. ↓

1. Peter trägt in der Schule immer eine schwarze J__________, ein schwarzes S__________, schwarze S__________ und bei Sonne seine schwarze Sonnen__________. Im Winter trägt er einen schwarzen S__________ und eine schwarze __________. Das sieht total cool aus, findet er.

2. Frau Winter kommt immer im gleichen grauen H__________ in die Schule. Im Sommer trägt sie manchmal auch ein unmodisches K__________.

3. Unser Mathelehrer, Dr. Wertenschlag, trägt meistens seinen grauen A__________ mit einem weißen H__________ und einer gestreiften K__________. Die H__________ ist etwas zu kurz. Das sieht furchtbar aus.

4. Sabine trägt im Schwimmbad immer einen bunten B__________.

Anzug – Bikini – Brille – Hemd – Hose – Hosenanzug – Jeans – Kleid – Krawatte – Mütze – Schal – Schuhe – Sweatshirt

5 Adjektive systematisch – Ergänze die Tabelle.

	der Schal	____ Hemd	____ Jacke	____ Schuhe (Plural)
Nominativ	der rot*e* Schal (k)ein rot__ Schal mein rot__ Schal	da__ rot__ Hemd (k)ein rot__ Hemd mein rot__ Hemd	di__ rot__ Jacke ein__ rot__ Jacke mein__ rot__ Jacke	di__ rot__ Schuhe — rot__ Schuhe kein__ rot__ Schuhe mein__ rot__ Schuhe
Akkusativ	den rot__ Schal (k)ein__ rot__ Schal mein__ rot__ Schal			

6 Ergänze die Sätze.

1. ● Ich wünsche dir ein schön*es* Wochenende. ○ Danke, ich dir auch.
2. ○ Na, wie waren deine Ferien? ○ Ich hab noch nie so schön____ Ferien gehabt!
3. ● Hast du schon mein neu____ T-Shirt gesehen? ○ Welches? ● Das rot____.
4. ● Mama, wo sind meine schwarz____ Schuhe? ○ Im Schrank! Ich hab sie aufgeräumt!
5. Deine neu____ Hose ziehst du nicht zum Fußballspielen an!
6. Ich hab mir einen schneller____ Computer gekauft. Er hat eine 400-GB-Festplatte.
7. Ich hab für mein alt____ Computerspiel noch 10 Euro bekommen.
8. Wir haben jetzt einen ganz jung____ Biolehrer. Der ist total nett.

7 Schönheitsoperation – Adjektive nach *der/das/die* – Ergänze den Text.

Der ganz___ Kopf ist jetzt schöner und der dick___ Hals wirkt schlanker. Auch die brei___ Nase haben wir elegant___ gemacht und wir haben das hässlich___ Kinn verändert. Die groß___ Ohren sind jetzt kleiner. Den schwarz___ Bart finden wir besonders gut. Die schön____ Haare haben wir nicht verändert.

17

8 Tina und Timo – Beschreibe die beiden.

Tina: Schuhe/schwer,
Rock/lang, Brille/groß,
Haare/lang, Pullover/dick

Timo: Brille/klein,
Hose/ kurz,
Hemd/gestreift,
Haare/ kurz,
Uhr/teurer

Tina trägt schwere Schuhe, einen
Timo trägt eine kl

9 Ein böser Traum

Ersetze im Text das Adjektiv *rosa* durch andere Adjektive mit den richtigen Adjektivendungen. Vergleiche mit unserer Lösung. Die Adjektivendungen müssen wie in unserer Lösung sein.

Einige mögliche Adjektive:
dunkel • grün • bunt • groß • gefährlich • rot • lang • braun • tief • dick • grau • seltsam • schön • traurig • weiß • klein • lieb • böse • modern • schick • faul • fleißig • arm • schwarz • riesig

Letzte Nacht hatte ich einen *rosa*[1] Traum: Ich gehe im Wald spazieren. Über mir fliegt ein *rosa*[2] Vogel. Als ich ihm nachsehe, kommt ein *rosa*[3] Reh zwischen den *rosa*[4] Bäumen hervor und schaut mich aus *rosa*[5] Augen an. Plötzlich steht der *rosa*[6] Wolf vor mir. Er hat ein *rosa*[7] Fell und einen *rosa*[8] Schwanz. Er öffnete sein *rosa*[9] Maul und ich kann seine *rosa*[10] Zunge und sein *rosa*[11] Gebiss sehen. Hinter ihm steht das *rosa*[12] Rotkäppchen. Es trägt ein *rosa*[13] Kleid und natürlich die *rosa*[14] Mütze. „Rotkäppchen", sage ich, da läuft es schnell in den *rosa*[15] Wald. Im gleichen Moment springt der *rosa*[16] Wolf mit einem *rosa*[17] Satz auf mich zu. Ich falle hin, er reißt sein *rosa*[18] Maul auf und … da bin ich aufgewacht.

Letzte Nacht hatte ich einen bösen Traum.

Wortschatz-Hitparade

Nomen

Pluralform / Deine Sprache

der Anzug ¨-e / ____________

____ Bluse ____________

____ Brille ____________

____ Farbe ____________

____ Geschmack ____________

____ Größe ____________

____ Hose ____________

____ Hut ____________

____ Jacke ____________

____ Kleid ____________

____ Kleidung ____________

____ Kleidungsstück ____________

____ Kommode ____________

____ Krawatte ____________

____ Lieblingsfarbe ____________

____ Manager ____________

____ Managerin ____________

____ Mantel ____________

____ Mode ____________

____ Mütze ____________

____ Pullover ____________

____ Rock ____________

____ Schal ____________

____ Schublade ____________

____ Situation ____________

____ Skandal ____________

____ Sportschuh ____________

____ Stiefel ____________

Verben

anprobieren ____________

berichten ____________

entschuldigen ____________

hinlegen ____________

kontrollieren ____________

nennen ____________

reinkommen ____________

schreien ____________

tragen ____________

überlegen ____________

Adjektive

altmodisch ____________

bequem ____________

dunkel ____________

dunkelblau ____________

einfarbig ____________

eng ____________

gemütlich ____________

gepunktet ____________

gestreift ____________

heiß ____________

hell ____________

hellgrün ____________

kariert ____________

natürlich ____________

schick ____________

sonnig ____________

tot ____________

unmodern ____________

warm ____________

weit ____________

10 Was passt nicht in die Reihe? Markiere.

1. der Mantel – das T-Shirt – der Schal – der Pullover
2. die Bluse – das Kleid – der Rock – die Krawatte
3. der Anzug – die Bluse – die Krawatte – das Hemd
4. kariert – bunt – gestreift – gepunktet
5. rot – grün – grau – blau
6. anprobieren – berichten – kaufen – tragen

11 Adjektive – Finde das Gegenteil in der Hitparade.

modisch – ____________________
lebendig – ____________________
bunt – ____________________
kalt – ____________________
regnerisch – ____________________
weit – ____________________
hell – ____________________
modern – ____________________
unbequem – ____________________
unnatürlich – ____________________

12 Wichtige Sätze und Ausdrücke – Schreibe in deiner Sprache.

Wie findest du die grüne Bluse? ____________________
Die finde ich super/schön/langweilig/altmodisch. ____________________
Gefällt dir mein neuer Pullover? ____________________
Ja, der gefällt mir sehr. / Nein, überhaupt nicht. ____________________
Hast du eine hellblaue Bluse für mich? ____________________
Ja klar. / Nein, aber eine hellgrüne hab ich. ____________________
Ich mag helle, sonnige Farben. Schwarz mag ich nicht. ____________________

13 Wichtige Wörter und Sätze für *mich*.

Meine Sprache:

____
____
____
____
____

Deutsch:

____
____
____
____
____

Einheit 8

6

1 Kreuzworträtsel

Waagrecht:

2. Ein Produkt aus Milch, aber nicht Butter.
4. Eine sehr beliebte Frucht. Man macht auch Saft davon.
8. Am Nr. 16 kann man auch ... oder Käsebrötchen kaufen.
9. Hier kann man essen gehen. Kostet manchmal viel Geld.
11. Kann man trinken und es macht nicht dick..
13. Oberbegriff von Nr. 6 und 7
15. McDonald's hat viele ... in der ganzen Welt.
17. Das und Pommes frites macht man aus Nr. 2 senkrecht.
19. Das ist in Deutschland ganz beliebt: ... mit Pommes oder mit Brot am Nr. 16 essen.

Senkrecht:

1. Nr. 17 sind mir zu ... Nr. 19 oft auch.
2. Aus ... macht man viele Sachen: z.B. Pommes frites (Sg.).
3. Kommt aus Neuseeland und ist grün.
5. Oberbegriff für Nr. 3, 4 und z.B. Bananen.
6. Ist grün, aber ein Nr. 13.
7. Ist orange und auch ein Nr. 13.
10. Zum Geburtstag backt meine Mutter immer eine große ... für mich.
12. Ganz berühmt ist das Wiener ... Man isst es gern im Nr. 9 mit Pommes frites und Salat.
14. In Indien und Thailand isst man gerne sehr ...
16. Hier gibt es Nr. 19 mit Pommes. Beim türkischen ... gibt es Döner.
18. Ich esse keine Nr. 17, weil die mir viel zu ... sind.

2 Im Text sind sieben Informationen falsch. Korrigiere sie. ↓

In Deutschland gibt es ~~wenige~~ viele ausländische Restaurants. Man findet selten chinesische Restaurants und keine aus anderen Nationen. Typisch deutsche Restaurants gibt es oft. In der Stadt kann man aber an vielen Imbissen eine Weißwurst oder eine Currywurst bekommen und in Restaurants Döner in vielen Variationen. Beliebt sind in Deutschland auch Krabben- und Käsebrötchen. Das beliebteste Essen in Deutschland ist vielleicht der indische „Döner".

Bratwurst – selten – oft – türkische – ~~viele~~ – viele – Schnitzel

8

3 Familie Schuhmann – Ergänze den Text.

Beim Frühstück muss bei Schuhmanns alles schnell gehen. Herr Schuhmann is s t nur e__ __ Brot und tri__ __ __ eine Ta__ __ __ Kaffee, we__ __ er um 7 U__ __ in d__ __ Firma se__ __ muss. Se__ __ __ Frau h__ __ mehr Ze__ __, isst e__ __ Wurstbrötchen u__ __ trinkt ei__ __ __ Tee u__ __ einen Orang__ __ __ __ __ __. Stefan is__ __ immer zw__ __ Brote m__ __ Käse u__ __ Wurst u__ __ sein Bru__ __ __ isst manc__ __ __ __ einen Tel__ __ __ Cornflakes.

Z__ __ Mittagessen si__ __ die Kin__ __ __ allein zu Ha__ __ __ und es gi__ __ Spaghetti m__ __ Tomatensoße od__ __ eine Su__ __ __. Die Elt__ __ __ essen in d__ __ Kantine.

D__ __ Abendessen i__ __ meistens ka__ __, manchmal gi__ __ es au__ __ einen grü__ __ __ Salat m__ __ Tomaten.

Am Sonntagn__ __ __ __ __ __ __ __ __ __ gibt es o__ __ Kaffee u__ __ Kuchen. Meis __ __ __ backt Fr__ __ Schuhmann d__ __ Kuchen sc__ __ __ am Sam__ __ __ __. Oft bringt Oma auch Kuchen von zu Hause mit.

4 Zu jedem Satzanfang (1–6) passen mindestens zwei Ergänzungen (a–j)

1. Ich trinke am liebsten …
2. Der … schmeckt prima!
3. Ich muss jetzt leider …
4. Wir essen heute …
5. Kann ich noch …

a) einen Teller Suppe haben?
b) in der Kantine.
c) nach Hause gehen.
d) eine Tasse Tee haben?
e) Kuchen.
f) zu Hause.
g) Mineralwasser.
h) zurück ins Büro gehen.
i) Salat.
j) Milch.

Ich trinke am liebsten Mineralwasser/Milch.

12

5 Wiederholung Personalpronomen und Possessivartikel – Ergänze die Tabelle.

Personalpronomen								
Nominativ	ich			es			ihr	sie/Sie
Akkusativ		dich			sie			
Dativ			dir			uns		ihnen/ Ihnen
Possessivartikel (Singular)								
Nominativ m/n f	mein meine	dein	sein					
Akkusativ m/n f	mein/en meine							
Dativ m/n f		deinem deiner						

6 Wer kann gemeint sein? Setze die Personen ein. Es gibt z. T. mehrere Möglichkeiten.

Jasmin Mathelehrer Freunden Opa Großeltern Oma Freundin

1. Zu Partys trägt Jasmin am liebsten ihren kurzen blauen Rock. Den findet sie cool.
2. Mein ________________ und meine ________________ kommen am Sonntag immer zum Kaffee.
3. Wir besuchen unsere ________________ oft in den Ferien.
4. Am liebsten spielen wir mit unseren ________________ Computer.
5. Ich bekomme von meiner ________________ noch 20 Euro, aber sie hat kein Geld.
6. ● Was hat denn euer ________________? Er sieht so traurig aus? ○ Vielleicht hat er den Test korrigiert.

7 Ergänze die Possessivartikel. Achte auf den Kasus.

1. Ich schenke m__________ Bruder eine CD zum Geburtstag.
2. Arbeiten d__________ Eltern beide?
3. Tim fährt im Sommer mit s__________ Eltern an die Ostsee.
4. Herr Schmidt: Sagt bitte e__________ Eltern, dass am Montag Elternabend ist.
5. Wir müssen u__________ Eltern noch sagen, dass am Montag Elternabend ist.
6. Kommst du mit d__________ Schwester zur Party?

8 Präpositionen mit Dativ

a Ergänze die Präpositionen und die Dativendungen der Artikel. Es gibt zum Teil mehrere Möglichkeiten. ↓

1. ________ mein___ lieben Oma bekomme ich immer einen Schokoladenkuchen zum Geburtstag.
2. Am liebsten esse ich Bratwurst ________ ein___ warmen Kartoffelsalat.
3. Montags isst Susi immer ________ ihr___ Freundin, weil ihre Eltern beide arbeiten.
4. ________ ein___ guten Essen trinkt mein Vater gern einen Espresso.
5. ________ ein___ halben Jahr kocht mein Vater am Wochenende. Er hat einen Kochkurs besucht.
6. ________ ein___ kleinen Orange kann man nicht viel Orangensaft machen.
7. ________ ein___ richtigen Schnitzel passen am besten Pommes ______ ein___ grünen Salat.

von – aus – bei – mit – nach – seit – zu – mit

b Noch eine Frage: Was sind die Adjektivendungen im Dativ nach unbestimmten Artikeln und Possessivartikeln? Sieh in den Sätzen in 8a nach.

16

9 Redewendungen – Ergänze die Wörter.

wurst – Keks – Salat – Tomaten – Käse – egal – aufpassen – Blödsinn – Nerven – Katastrophe

1.

● Jetzt haben wir den ______________, mein Füller ist kaputt, das ist eine ______________!

○ Red keinen ______________ . Das ist doch ______________ ! Du musst nur die Tintenpatrone wechseln.

2.

● Peter, kannst du mir helfen? Ich versteh die Aufgabe nicht.

○ Du gehst mir auf den ______________! Dauernd soll ich dir helfen.

● Und du gehst mir auf die ______________. Du bist so arrogant!

3.

● Du hast ja schon wieder eine Fünf in Deutsch!

○ Das ist mir ______________! Es ist sowieso alles ______________. Ich muss das Jahr wiederholen.

8

Wortschatz-Hitparade

Nomen

Pluralform / Deine Sprache

der Alltag Sg. / ____________

____ Apfel ____________

____ Bratkartoffel ____________

____ Brokkoli ____________

____ Dame ____________

____ Deutschlehrer ____________

____ Deutschlehrerin ____________

____ Ernährung ____________

____ Firma ____________

____ Frucht ____________

____ Gemüse ____________

____ Imbiss ____________

____ Jugend ____________

____ Kantine ____________

____ Karotte ____________

____ Kartoffel ____________

____ Käse ____________

____ Katastrophe ____________

____ Keks ____________

____ Kiwi ____________

____ Kuh ____________

____ Lebensmittel ____________

____ Lieblingsessen ____________

____ Marmelade ____________

____ Mineralwasser ____________

____ Möhre ____________

____ Nation ____________

____ Obst ____________

____ Restaurant ____________

____ Sahne ____________

____ Salat ____________

____ Schnitzel ____________

____ Sonntagnachmittag ____________

____ Speise ____________

____ Stück ____________

____ Tasse ____________

____ Teller ____________

____ Tomate ____________

____ Torte ____________

____ Umfrage ____________

____ Weißbrot ____________

____ Witz ____________

Verben

bekommen ____________

liegen ____________

mitbringen ____________

träumen ____________

Adjektive

ausländisch ____________

fett ____________

glücklich ____________

kalt ____________

salzig ____________

scharf ____________

Andere Wörter und Ausdrücke

abends ____________

mittags ____________

morgens ____________

samstags ____________

10 Wortfeld „Essen“ – Wie viele Wörter kennst du? Ergänze die Tabelle.

Fleisch/Fisch	Obst	Gemüse	Getränke	Backwaren
die Krabben	der Apfel	die Kartoffeln	das Wasser	der Berliner

11 Wichtige Sätze und Ausdrücke – Schreibe in deiner Sprache.

Wir gehen oft/selten essen. ______

Ich esse gern italienisch. Ich liebe Pizza. ______

Japanisch habe ich noch nie gegessen. ______

Ich mag keine Bratwürste. Die sind mir zu fett. ______

Indisches Essen ist mir zu scharf. ______

Torte finde ich meistens zu süß. ______

Meinem Vater schmeckt Fisch, meiner Mutter nicht. ______

Was schenkst du deiner Freundin zum Geburtstag? ______

Mein Bruder geht mir auf die Nerven. ______

12 Wichtige Wörter und Sätze für *mich*.

Meine Sprache:	Deutsch:
______	______
______	______
______	______
______	______
______	______

9

Einheit 9

1 Einen Tagebuchtext schreiben – Bringe 1–10 in die richtige Reihenfolge und schreibe den Text.

Das war ein verrückter Abend.

1. Aber sie hat sich nur mit Bernd unterhalten.
2. Ich wollte so gern mit Miriam zusammen sein.
3. Ich hatte schlechte Laune und wollte nach Hause gehen.
4. Ich war echt sauer auf sie.
5. Immer muss ich einkaufen gehen und meine Schwester fast nie!!!
6. Natürlich war ich dann erst um acht bei Miriams Party.
7. Plötzlich war Rhea da und hat gesagt, dass sie mitkommt.
8. weil ich um 7 Uhr noch Lebensmittel einkaufen gehen musste.
9. Rhea und ich sind dann zusammen ins Kino gegangen und wir haben uns richtig gut unterhalten.
10. Zuerst ging es mir schlecht,

Das war ein verrückter Abend. Zuerst ...

Die ist total lieb.

2 Monikas Party – Ergänze die Dialoge.

auch – aufpassen – blöde – dir – Finde – Hause – klar – los – spät – Super – tanzt

1 ● Hallo, Carsten.

○ Hey, Tanja. Alles ________?

● Alles okay. Warum kommst du so __________?

○ Ach, ich musste auf meine Schwester ______________.

2 ● ____________ Musik.

○ Ja, Paul ist ein super DJ.

● Und ____________ du, Markus?

○ Aber nur mit __________.

3 ● Hey, Carsten. Was ist ____________?

○ Ist eine ____________ Party.

● ____________ ich auch.

○ Ich geh nach ____________.

● Ich geh ____________. Komm, gleich fährt der Bus in die Stadt.

8

3 Gefühle und Stimmungen ausdrücken – Je ein Ausdruck passt nicht. Markiere.

1. Ich bin total sauer / total glücklich / total drauf.
2. Ich habe gute Laune / gut drauf / schlechte Laune.
3. Es geht mir wütend / gut / nicht schlecht.
4. Ich bin traurig / glücklich / total.
5. Ich habe keine Laune / keine Lust / keine Zeit.
6. Es geht mir ganz gut / egal / schlecht.
7. Es ist alles klar / alles o.k. / alles los.
8. Mir ist alles gut / alles egal / alles wurst.

11

4 *Wenn …, (dann)* – Schreibe die Sätze und markiere die Verben.

1. Die Sonne scheint. Mir geht es gut.
   Mir geht es gut, wenn ______
2. Ich bin sauer. Ich muss aufräumen.
   Wenn ich ______
3. Ich bin traurig. Monika tanzt mit Markus.
   Ich ______
4. Peter ist wütend. Er schreibt eine Fünf in Mathe.
   Wenn Peter ______
5. Herr Schmidt hat schlechte Laune. Die Schüler machen keine Hausaufgaben.
   Herr Schmidt ______
6. Kati geht es gut. Sie bekommt eine Torte von ihrer Oma.
   Kati ______
7. Kati geht es schlecht. Sie isst die Torte allein.
   Wenn sie ______
8. Wir feiern. Wir gewinnen das Fußballturnier.
   Wenn wir ______
9. Ich gehe ins Kino. Rhea kommt mit.
   Rhea ______

5 Konflikte – Wiederholung: Nebensätze mit *dass* oder *weil*
Ergänze die Konjunktionen im Text.

Christine hat Sonja gesagt, ___________ sie total sauer ist, ___________ Ralf seit Tagen nicht angerufen hat. Sie hat ihr auch gesagt, ___________ sie mit ihm Schluss machen will. Sonja redet mit Ralf, ___________ sie Christine helfen will. Ralf meint, ___________ Christine spinnt, ___________ sie ihm so eine Szene macht. Sonja sagt zu Ralf, ___________ er Christine verstehen muss, ___________ ihr letzter Freund auch Schluss gemacht hat, ohne ___________ er mit ihr gesprochen hat. Christine findet es blöd, ___________ Sonja mit Ralf gesprochen hat, ___________ sie selber mit ihm sprechen wollte. Sonja ist sauer, ___________ sie Christine ja nur helfen wollte. Eine Woche später sagt Ralf Christine, ___________ er mit ihr Schluss machen will, ___________ er Sonja liebt.

6 Schreibe die Sätze.

1. wenn / haben / gute Laune / ich – ich / hören / Musik
   Wenn ich gute Laune habe, höre ich Musik.
2. weil / ich / musikalisch / sein / nicht – ich / kein Instrument / spielen
   ____
3. dass / ich / finden / die Englischlehrerin / zu viele Hausaufgaben / geben
   ____
4. wenn / bekommen / Paul / sein Taschengeld – dann / er / kaufen / seine „Bravo“
   ____
5. weil / Silke / haben / kein Geld – sie / den Rock / kaufen / können / nicht
   ____
6. schön / sein / es – wir / dass / nächste Woche / haben / Ferien
   ____
7. wenn / haben / Zeit / meine Schwester – sie / helfen / mir / beim Deutschlernen
   ____

15

7 Kritik und Reaktionen

a Schreibe die Sätze.

1. du / ein Monat / seit / nicht anrufen / haben /!
   Du hast seit einem Monat nicht angerufen!
2. sofort / das Fenster / zumachen / .
3. warum / du / immer / die Tür / offen stehen / lassen / ?
4. schnell / machen / der Bus / abfahren / gleich / .
5. du / müssen / mehr Sport machen / .
6. warum / du / nicht / die Hausaufgaben / machen / haben / ?
7. können / du / dein Zimmer / aufräumen / nicht / ?
8. du / haben / zwei Wochen / vor / zehn Euro / leihen / von mir / !
9. ihr / kommen / immer / zum Essen / zu spät / !

b Ordne 1–9 den Reaktionen a–i zu.

4 a) Immer mit der Ruhe. Wir haben noch zwei Minuten.
___ b) Aber ich gehe doch immer zu Fuß zur Schule.
___ c) Ich hab es fünfmal versucht, aber du warst nie da!
___ d) Entschuldigung, ich mach sie gleich zu.
___ e) Das hat Susi aufgemacht.
___ f) Ich war gestern krank.
___ g) Der Schulbus ist auch 10 Minuten zu spät gefahren.
___ h) Ja, o.k., ich mach's gleich. Ich will nur die Sendung noch fertig sehen.
___ i) Das tut mir Leid. Kann ich sie dir am nächsten Montag zurückgeben?

Wortschatz-Hitparade

Nomen

Pluralform / Deine Sprache

der Ärger Sg. / ____________________

____ Auflösung ____________________

____ Gefühl ____________________

____ Idiot ____________________

____ Idiotin ____________________

____ Konflikt ____________________

____ Kritik ____________________

____ Laune ____________________

____ Sinn ____________________

____ Sonnenschein ____________________

____ Taschengeld ____________________

____ Überraschung ____________________

____ Wecker ____________________

Verben

anfangen ____________________

sich entschuldigen ____________________

holen ____________________

reagieren ____________________

unterhalten ____________________

sich verabreden ____________________

versuchen ____________________

wechseln ____________________

widersprechen ____________________

zerreißen ____________________

zurückgeben ____________________

Adjektive

ähnlich ____________________

hellwach ____________________

optimistisch ____________________

sauer ____________________

traurig ____________________

verrückt ____________________

witzig ____________________

wütend ____________________

Andere Wörter und Ausdrücke

ab und zu ____________________

Alles klar? ____________________

ganz okay ____________________

bis ____________________

okay ____________________

total gut drauf ____________________

Was ist denn los? ____________________

wenn ____________________

8 Ergänze die Sätze mit Nomen aus der Hitparade.

1. Ich habe das ______________, dass Stefan mich nicht mehr liebt.
2. Silke ist manchmal richtig blöd und sie kann überhaupt keine ______________ vertragen.
3. Tom, wenn du ______________ mit Silke hast, dann rede mit ihr!
4. Elke hat schlechte ______________, weil sie einen ______________ mit ihren Eltern hat. Sie will mehr ______________, aber ihre Eltern wollen nicht zahlen.
5. Wenn morgens mein ______________ klingelt, bin ich immer noch total müde.

9 Ergänze Verben aus der Hitparade in der passenden Form.

1. Ich kann dir das Geld erst morgen ______________, weil ich dann Taschengeld bekomme.
2. Kannst du mir 10 Euro ______________? Ich brauche ein paar Münzen.
3. Mama, ich habe mich heute Mittag mit Lars ______________. Ich komme dann erst heute Abend nach Hause.
4. Ich muss mich bei dir ______________. Es tut mir Leid, dass ich so sauer war.

10 Wichtige Sätze und Ausdrücke – Schreibe in deiner Sprache.

Ich bin total glücklich. ______________

Was ist denn los? ______________

Ich bin traurig, weil sie mich nicht mag. ______________

Das stimmt doch gar nicht. ______________

Ich habe gute Laune. ______________

Wenn die Sonne scheint, bin ich immer gut drauf. ______________

11 Wichtige Wörter und Sätze für *mich*.

Meine Sprache:	Deutsch:
______________	______________
______________	______________
______________	______________
______________	______________
______________	______________

Einheit 10

Wie viele Fehler findest du?

Lies die Sätze. In jedem Abschnitt kannst du einen oder zwei Fehler finden. Die Fehler passen immer zur Überschrift.

1. Personalpronomen

a) ● Gefällt dir die Schule? ○ Ja, meistens gefällt sie mir schon.
b) ● Wie gefällt euch mein Fahrrad? ○ Uns finden es super.
c) ● Kannst du mir helfen? ○ Klar, aber ich muss erst meine Hausaufgaben machen.

2. Präpositionen mit Akkusativ oder Dativ

a) ● Kommt ihr mit im Kino? ○ Nein, wir haben keine Zeit.
b) ● Im Sommer machen wir auf der Insel Rügen Ferien. ○ Super, da war ich schon.
c) ● Warst du schon auf den Stephansdom? ○ Nein, ich war noch nie in Wien.

3. Perfekt

a) ● Wann stehst du morgens auf? ○ Ganz verschieden. Gestern habe ich bis 10 geschlafen.
b) ● Habt ihr noch lange gefeiert? ○ Ja, Susi ist bis Mitternacht geblieben.
c) ● Was ist passiert? ○ Ich habe beim Skaten hingefallen.

4. Vergleiche (Komparativ)

a) Das Riesenrad „London Eye" ist großer als das im Wiener Prater.
b) Mein Bruder kann genauso gut Deutsch wie ich.
c) Ich spreche nicht so gut Deutsch als Englisch.

5. Nebensätze mit *weil* und *dass*

a) ● Warum bist du gestern nicht gekommen? ○ Weil ich meiner Mutter helfen musste.
b) Ich kann morgen nicht in die Schule, weil ich muss zum Arzt.
c) Till hat mir schon gesagt, dass du morgen nicht kommen kannst.

6. Possessivartikel im Dativ

a) ● Wie geht es deiner Schwester? ○ Gut, meiner Schwester geht es immer gut.
b) ● Darf ich mit deinen Füller schreiben? ○ Klar, nimm ihn.
c) ● Am Sonntag gehen wir mit unsere Eltern wandern. Kommt ihr mit? ○ Ja, gern, wohin geht ihr?

7. Nebensätze mit *wenn*

a) ● Kannst du mich anrufen, wenn du wieder zu Hause bist? ○ Klar, mach ich.
b) ● Ruft mich an, wenn ihr geht ins Schwimmbad. ○ Wieso? Es regnet doch.
c) ● Wenn du nicht anrufst, bin ich immer ganz traurig. ○ Ich liebe dich, wenn du sagst so etwas.

Bilder und Wörter

Diese Bilder kennst du aus den Einheiten 1–9. Welche Wörter und Ausdrücke fallen dir dazu ein? Schreibe sie zu den Bildern oder ins Heft.

1.

2.

3.

dicke Freunde kennen

langweilig – interessant

4.

5.

6.

7.

8.

9.

11

Einheit 11

10

1 Wortschatz – Welche der 45 Wörter aus der Geschichte passen in die Sätze 1–18?

abwischen – anhören – aufsetzen – auspacken – Besucher – Büro – Bushaltestelle – deshalb – Ecke – eilig – entdecken – Fall – ~~Genie~~ – halbtags – herausfinden – hungrig – Internetcafé – Klub – lösen – Münzen – neugierig – pfeifen – putzen – Rätsel – rechnen – schauen – Schultasche – Spur – Täter – umdrehen – unglaublich – Verdacht – verdächtig – verliebt – vermuten – vorgestern – vorschlagen – während – Weile – wertvoll – wundern – wünschen – Zeile – Zeitungsbericht – zurückgeben

1. Herr Schmidt ist nach dem Unterricht immer ________________g und muss ein Brot essen.
2. Einstein ist ein Genie, ________________b wollen alle mit ihm Mathe lernen.
3. Einsteins Vater arbeitet in einem ________________o. Er schreibt Computerprogramme.
4. Herr Schmidt hat einen ________________t. Vielleicht kann er das ________________l lösen.
5. Für mich ist der ________________l klar. Der ________________r muss im Museum arbeiten. Das ist die heißeste ________________r.
6. Um 17 Uhr müssen alle ________________r das Museum verlassen.
7. Warum ist Olli so seltsam? Das will Einstein unbedingt ________________n.
8. Olli hat sich in Jessica ________________t und will ihr ein schönes Geschenk machen.
9. Die alten ________________n sind sehr ________________l.
10. Ich habe gestern einen ________________t über einen Diebstahl gelesen. Nein, es war nicht gestern, es war ________________n.

11. Meine Mutter arbeitet ________________s bei einem Bäcker. Um 12 ist sie wieder zu Hause.
12. Ich muss am Montag in die Bibliothek und die Bücher ________________n, weil ich sonst Strafe zahlen muss.
13. Ich weiß nicht, was los ist. Ich kann es nur ________________n.
14. Nach der Stunde müsst ihr die Tafel ________________n.
15. Meine ________________e ist immer voll, weil ich immer so viele Bücher mitnehmen muss.
16. Willst du dein Geschenk nicht ________________n? Ich hoffe, dass es dir gefällt.
17. Ich ________________e mir zum Geburtstag einen neuen Computer.
18. Petra hat ________________n, dass wir am Wochenende eine Fahrradtour machen.

11

2 Wiederholung: Perfekt

a Regelmäßig oder unregelmäßig? Markiere die unregelmäßigen Verben und notiere zu diesen die Perfektformen.

anfangen – anhören – aufhängen – beantworten – begründen – bekommen – berichten – beschreiben – besuchen – bitten – entschuldigen – erinnern – erlauben – frühstücken – gehen – gehören – gewinnen – grüßen – halten – helfen – holen – laufen – liegen – malen – mitmachen – nachdenken – putzen – rechnen – rennen – schicken – schreiben – setzen – stattfinden – stehen – tragen – träumen – überlegen – umsteigen – verabreden – verdienen – vergleichen – verkaufen – verlieren – versuchen – vertrauen – vorschlagen – wählen – wegnehmen – zurückbringen

hat angefangen, hat bekommen

b Wie heißen die Partizip-II-Formen von diesen Verben?

reservieren, fotografieren, kontrollieren ______________________________

c Ergänze die Sätze mit den passenden Verben im Perfekt aus 2a.

1. Die Schule hat ___hat___ gestern erst um 9 Uhr angefangen ___angefangen___, weil die Lehrer vorher Konferenz hatten.
2. Am Wochenende __________ ich mich mit meinem Freund __________________. Wir sind ins Kino gegangen.
3. Olli war immer ein guter Freund. Er __________ mir viel in Deutsch __________________.
4. Ich __________ den Täter bei der Polizei genau __________________. Er war 1,80 Meter groß und hatte lange, blonde Haare.
5. Ich __________ heute den ganzen Weg zur Schule __________________, weil der Bus nicht gekommen ist.
6. Dr. Schmidt __________ Olli das Handy __________________, weil es im Unterricht geklingelt hat.
7. Gestern __________ Olli mit Jessica ins Kino __________________. Der Film war langweilig, aber das hat die beiden nicht gestört.
8. Früher __________ Petras Vater viel Geld __________________, aber jetzt hat er keine Arbeit mehr.
9. Ich kann heute nicht skaten gehen. Meine Mutter __________ es nicht __________________.
10. Letztes Jahr __________ ich immer 2Pack-T-Shirts __________________, aber jetzt ist das total out.

3 Präteritum – Regelmäßige Verben und Modalverben. Ergänze die Verbendungen.

1. Gestern woll_____ ich in die Stadt fahren, aber ich konn_____ nicht, weil ich kein Geld hatte.
2. Einstein putz_____ seine Brille und frag_____: „Meinen Sie, dass wir die Polizei informieren müssen?"
3. Olli durf_____ lange Zeit nicht mit Jessica zusammen sein. Seine Eltern erlaub_____ es nicht.
4. Früher kauf_____ man die Lebensmittel auf dem Markt, heute findet man fast alles im Supermarkt.
5. Meine Tanten schick_____ mir früher immer Briefe. Heute telefonieren sie und ich schreibe E-Mails.

4 Präteritum – Unregelmäßige Verben

a Ergänze bei den unregelmäßigen Verben aus Aufgabe 2a die Präteritumformen.

anfangen, fing an
bekommen, bekam

b Einstein und die falsche Fährte: Zusammenfassung – Ergänze die Verben im Präteritum.

Einstein ______________ (heißen) eigentlich Albert Neumann und ______________ (sein) das Mathegenie in der Klasse. Eines Tages ______________ (haben) er ein Problem. Sein Freund Olli ______________ (benehmen) sich plötzlich so seltsam. Olli ______________ (kommen) nicht zu einer Verabredung. Das ______________ (machen) er sonst nie. Kurz danach ______________ (sehen) er ihn aber, als er mit zwei Fremden ins Museum ______________ (gehen). Am Tag danach ______________ (lesen) Einstein in der Zeitung, dass wertvolle Münzen aus dem Museum weg ______________ (sein). Er ______________ (gehen) zu Dr. Schmidt und ______________ (sprechen) mit ihm. Dr. Schmidt ______________ (geben) Einstein den Tipp, dass er mit Olli sprechen soll. Aber Olli ______________ (haben) wieder keine Zeit. Dr. Schmidt ______________ (gehen) ins Museum und ______________ (sprechen) mit dem Direktor. Er ______________ (wollen) herausfinden, was dieser ______________ (wissen). Dann ______________ (sein) plötzlich alles klar. Die Münzen ______________ (liegen) noch im Museum, als alle Besucher schon weg ______________ (sein). Also ______________ (können) es Olli nicht gewesen sein.

5 Der Fall ist gelöst – Eine Zeitungsmeldung

Kassel – Gestern Nachmittag verhaftete die Polizei einen 22-jährigen Studenten in Kasssel. In sei__ __ __ Wohnung fa__ __ die Pol__ __ __ __ eine wert__ __ __ __ __ Münzsammlung a__ __ dem Stadt__ __ __ __ __ __ in Weimar. Der Ma__ __ hatte Schu__ __ __ __ und wol__ __ __ so se__ __ neues Fahr__ __ __ bezahlen. D__ __ Polizei beric__ __ __ __ __, dass d__ __ Tipp v__ __ einem 13-jähr__ __ __ __ Schüler k__ __.

6 Präteritum und Perfekt. Ergänze die Verbformen.

Albert Neumann __lag__ im Bett und ______________.	~~liegen~~/nachdenken
Olli ______________ unschuldig. Aber woher ______________ das Geld	sein/kommen
für das Geschenk? Und warum ______________ Olli nicht mit ihm spre-	wollen
chen? Er ______________ noch ein bisschen in seinem Krimi. Nach zwei	lesen
Seiten ______________ er ______________. Plötzlich ______________	einschlafen/klingeln
das Telefon.	
● Hallo, Einstein!	
○ Hallo, Olli, was ist los? Weißt du, wie spät es ist?	
● Ja, entschuldige. Ich ______________ dich einfach anrufen, es tut	müssen
mir Leid, dass ich heute ______________ ______________. Aber ich	weglaufen
______________ Angst, dass du sauer bist.	haben
○ Ich? Sauer? Warum?	
● Du weißt, du bekommst noch 20 Euro von mir. Ich ______________	bekommen
am Montag 30 Euro ______________. Ich ______________ für	machen
amerikanische Touristen eine Führung durch die Stadt	
______________ und ihnen das Museum ______________.	zeigen
Ich ______________ dir am Dienstag das Geld geben, aber dann	wollen
______________ ich ein Geschenk für Jessica ______________.	kaufen

11

Wortschatz-Hitparade

Nomen

Pluralform / Deine Sprache

der Besucher -/ ______
____ Besucherin ______
____ Büro ______
____ Bushaltestelle ______
____ Ecke ______
____ Fall ______
____ Genie ______
____ Journalist ______
____ Journalistin ______
____ Klub ______
____ Münze ______
____ Rätsel ______
____ Rhythmus ______
____ Schultasche ______
____ Spur ______
____ Täter ______
____ Täterin ______
____ Telefonat ______
____ Verdacht ______
____ Wiederholung ______
____ Zeitungsbericht ______

Verben

abwischen ______
anhören ______
aufsetzen ______
auspacken ______
einschlafen ______
entdecken ______
herausfinden ______
lösen ______
pfeifen ______
putzen ______
rechnen ______
schauen ______
umdrehen ______
vermuten ______
vorschlagen ______
sich wundern ______
wünschen ______

Adjektive

eilig ______
hungrig ______
neugierig ______
unglaublich ______
unschuldig ______
verdächtig ______
verliebt ______
wertvoll ______

Andere Wörter und Ausdrücke

deshalb ______
halbtags ______
vorgestern ______
während ______

7 Welche Verben passen zu den Bildern?

1. 2. 3. 4. 5. 6. schauen 7. 8.

8 Kreuzworträtsel

Waagrecht:
1. Damit trägst du deine Bücher in die Schule.
3. Hier halten die Busse.
4. Ein Raum zum Arbeiten. Hier stehen oft Computer.
5. Zum Tanzen braucht man Musik, die … hat.
6. Sie arbeitet bei einer Zeitung und schreibt Zeitungsartikel.
7. Euro gibt es in Scheinen und … (Sg.).
8. Lernen braucht vor allem …, immer und immer wieder.

Senkrecht:
2. Wenn man telefoniert, führt man ein …
4. Sie sind die Kunden im Museum.
5. Das löst du gerade.

9 Wichtige Sätze und Ausdrücke – Schreibe in deiner Sprache.

Ich glaube, dass er im Museum war. ____________________

Es kann sein, dass er die Münzen gestohlen hat. ____________________

Vielleicht hat er das Geld gebraucht. ____________________

10 Wichtige Wörter und Sätze für *mich.*

Meine Sprache:	Deutsch:

12

Einheit 12

3

1 Julians Zimmer – Ergänze die Präpositionen. ↓

Also das ist mein Zimmer. Ich habe ein Zimmer ganz f ü r mich allein. Wenn man _ _ mein Zimmer kommt, dann steht gleich links _ _ _ _ _ _ der Tür ein großer Schrank. _ _ dem Schrank habe ich meine Kleider und meine Sportsachen. Links _ _ _ _ _ dem Schrank steht mein Computertisch und daneben _ _ der Ecke steht mein Schreibtisch. Ich sitze aber meistens _ _ _ dem Computer _ _ _ meinem Schreibtischstuhl. _ _ _ dem Boden steht noch mein Papierkorb.

Wenn ich lesen will oder wenn ich Musik höre, dann sitze ich immer _ _ _ meinem Lieblingsplatz. Das ist ein gelber Sessel. Rechts _ _ der Wand gibt es noch eine braune Kommode _ _ _ vielen Schubladen. Da sind viele alte Spielsachen, Computerspiele, Disketten, CDs usw. drin. Und _ _ _ der Kommode steht meine Stereoanlage!

_ _ _ dem Fenster steht mein Bett. Es hat eine grüne Matratze.

_ _ der anderen Wand _ _ _ _ _ _ _ _ _ habe ich noch ein Regal _ _ _ Büchern, Bildern und ein paar Sportsachen und _ _ Regal hängen viele Poster. _ _ _ dem Regal steht mein Fernseher. Überall _ _ den Wänden habe ich Poster, Fotos und Bilder aufgehängt.

_ _ _ dem Boden liegt ein hellbrauner Teppich. _ _ der Mitte _ _ der Decke hängt eine Lampe. Über meinem Schreibtisch hängt an der Wand mein erstes Skateboard – aber das ist jetzt schon lange kaputt.

am – an – an – an – An – Auf – auf – auf – Auf – auf – ~~für~~ – gegenüber – hinter – In – in – In – in – mit – mit – neben – vor – Vor – Vor –

2 Einen Raum beschreiben – Ergänze passende Nomen und Verben.

1. Julians Schrank ________________ neben dem ________________________ an der ________________.
2. Auf dem __________________ __________________ ein brauner Teppich.
3. An den ________________ ________________ viele Poster. An der __________________ __________________ eine Lampe.
4. Der Computer steht auf dem ________________, der Bildschirm auf dem ________________________.

7

3 Präpositionen mit Akkusativ → oder Dativ ●

a Schreibe die Präpositionen zu den Mäusen 1–9.

zwischen – vor – auf – auf – unter – hinter – in – in – neben

b Entscheide bei jedem Verb: Ort ● oder Richtung →

c Ergänze die Sätze. 🚑 ↓

1. Die erste Maus sitzt [●] auf __dem__ Kühlschrank. Sie will __von__ __dem__ Kühlschrank (der) springen [→].
2. Die zweite Maus steht [ ] ________ ________ Tisch (der) und ________ Kühlschrank.
3. Die dritte Maus hat sich ________ ________ Tisch versteckt [ ]. Gleich läuft [ ] sie ________ ________ den Kühlschrank.
4. Die vierte Maus springt [ ] gerade ________ ________ Tisch.
5. Die fünfte Maus sitzt [ ] noch ________ Kühlschrank. Gleich springt [ ] sie ________ ________ Boden (der).
6. Die sechste Maus liegt [ ] ________ ________ Glasschüssel (die) und schläft.
7. Die siebte Maus ist gerade ________ ________ Kühlschrank gelaufen [ ].
8. Die achte Maus hat sich ________ ________ Kühlschrank gesetzt [ ] und beobachtet alles.

🚑 ~~auf dem~~ – auf den – auf den – auf den – vor den – in der – hinter den – hinter den – ~~von dem~~ – zwischen dem – unter dem – dem – im

4 Die Umräumaktion – Markiere zuerst Richtung → oder Ort ● und schreibe dann die Sätze.

1. ● Mein Bett steht ______________________ (die Wand / an)
2. → Ich will mein Bett ______________________ (stellen / das Fenster / unter)
3. Der Schreibtisch steht ______________________ (die Tür / neben)
4. Ich will den Schreibtisch ______________________ (das Bett / stellen / neben)
5. Meine Poster hängen ______________________ (die Wand / an)
6. Ich will die Bilder ______________________ (die Wand / hängen / an)
7. Der blaue Teppich liegt ______________________ (der Boden / auf)
8. Ich will einen grünen Teppich ______________________ (der Boden / legen / auf)
9. Mein Computer steht ______________________ (mein Schreibtisch / auf)
10. Ich will den Computer ______________________ (der Schreibtisch / stellen / unter)

5 Wiederholung – Diese Präpositionen haben immer Dativ.

a Ergänze den Merkvers.

Von

Au______________________

n______________

V______________________ fährst

______________________ du.

b Ergänze die Präpositionen und die Artikel.

mit – bei – ~~aus~~ – nach – von – seit – zu

1. Kannst du mir bitte den Pullover _aus_ mein_em_ Schrank geben?
2. Deine Hemden liegen ______ dein______ Strümpfen in der Kommode.
3. ______ d______ Essen muss ich mein Zimmer putzen. Danach hab ich Zeit.
4. ______ so ein______ Hemd kann ich nicht in die Schule gehen. Da lachen ja alle!
5. Ich habe ______ mein____ Freund ein tolles Parfum bekommen. Er ist so lieb!
6. ______ ich mein____ Schwester mein altes Fahrrad gegeben habe, fährt sie jeden Tag damit.
7. Am Sonntag gehe ich oft ______ mein______ Oma und spiele Tischtennis im Garten.

6 Nebensätze: Relativsätze

a Was passt zusammen?

1. Wir wohnen im einem Altbau, ___ a) das (A) ich jede Woche aufräumen und putzen muss.
2. Ich habe ein großes Zimmer, ___ b) das (N) ihr Vater renoviert hat, ist sehr gemütlich.
3. Alexa wohnt in einer Mietwohnung, ___ c) den (A) ich manchmal auch verwenden darf.
4. Elins Fachwerkhaus, _1_ d) der (N) direkt an einer Hauptstraße liegt.
5. Mein Bruder hat einen Digitalfoto, ___ e) die (N) einen Balkon zum Hof hat.

b Schreibe zu den Sätzen in 6a je zwei Hauptsätze wie im Beispiel.

Wir wohnen in einem Altbau. Er / Der Altbau liegt direkt an einer Hauptstraße.

7 Informationen verbinden – Ordne a–h und 1–8 zu. Schreibe die Sätze.

1. Unsere Nachbarn, [g] sind sehr nett.
2. Mein Onkel wohnt in einem Bauernhof, [ ] .
3. Ist die Katze, [ ] lieb?
4. Ich hab bei eBay einen Computer gefunden, [ ].
5. Einstein, [ ] macht sich Sorgen um ihn.
6. Wie gefällt dir der rote Schal, [ ]?
7. Die Bluse, [ ] habe ich heute zurückgebracht.
8. Die Reise nach Wien, [ ] war super.

a) den er selbst renoviert hat
b) der nur 100 Euro gekostet hat
c) die ich mir gekauft habe,
d) den Miri mir geschenkt hat,
e) die du jetzt hast,
f) der Olli sehr mag,
g) die auch zwei Kinder haben,
h) die wir letztes Jahr gemacht haben,

Unsere Nachbarn, die auch zwei Kinder haben, sind sehr nett.

8 Definitionen – Wer oder was ist das?

1. ein Büroraum, der in der Wohnung ist — das Arbeitszimmer
2. ein Haus auf dem Land, das früher Bauern bewohnten ______
3. ein Gebäude, das nicht mehr neu ist ______
4. Geld, das man für die Wohnung monatlich bezahlt ______
5. ein Raum, der zum Kochen da ist ______
6. ein Teil in der Wohnung, den man nur im Sommer benutzt ______
7. ein Möbelstück, das zum Sitzen am Schreibtisch da ist ______
8. Personen, die ganz in der Nähe wohnen ______

12

Wortschatz-Hitparade

Nomen

Pluralform / Deine Sprache

das Arbeitszimmer -/ ____________
_____ Bad ____________
_____ Balkon ____________
_____ Chaos ____________
_____ Flur ____________
_____ Hauptstraße ____________
_____ Hausbesitzer ____________
_____ Hausbesitzerin ____________
_____ Hochhaus ____________
_____ Hof ____________
_____ Keller ____________
_____ Kinderzimmer ____________
_____ Küche ____________
_____ Matratze ____________
_____ Miete ____________
_____ Möbelstück ____________
_____ Platz Sg. ____________
_____ Quadratmeter ____________
_____ Regal ____________
_____ Schlafzimmer ____________
_____ Schrank ____________
_____ Schreibtisch ____________
_____ Sessel ____________
_____ Stock ____________
_____ Student ____________
_____ Studentin ____________
_____ Tapete ____________
_____ Wohnung ____________

Verben

hängen ____________
legen ____________
leihen ____________
liegen ____________
renovieren ____________
setzen ____________
stellen ____________
umziehen ____________
verstecken ____________
vorbeifahren ____________
vorstellen ____________
zusammenfassen ____________

Adjektive

direkt ____________
nett ____________

Andere Wörter und Ausdrücke

an der Wand ____________
am Fenster ____________
auf dem Boden ____________
hinter dem Schrank ____________
in der Kommode ____________
im Schrank ____________
neben der Tür ____________
unter dem Bett ____________
vor dem Fenster ____________
zwischen Schreibtisch und Sessel ____________

9 Ein Zimmer – Wie viele Wörter kennst du? Notiere mit Artikel.

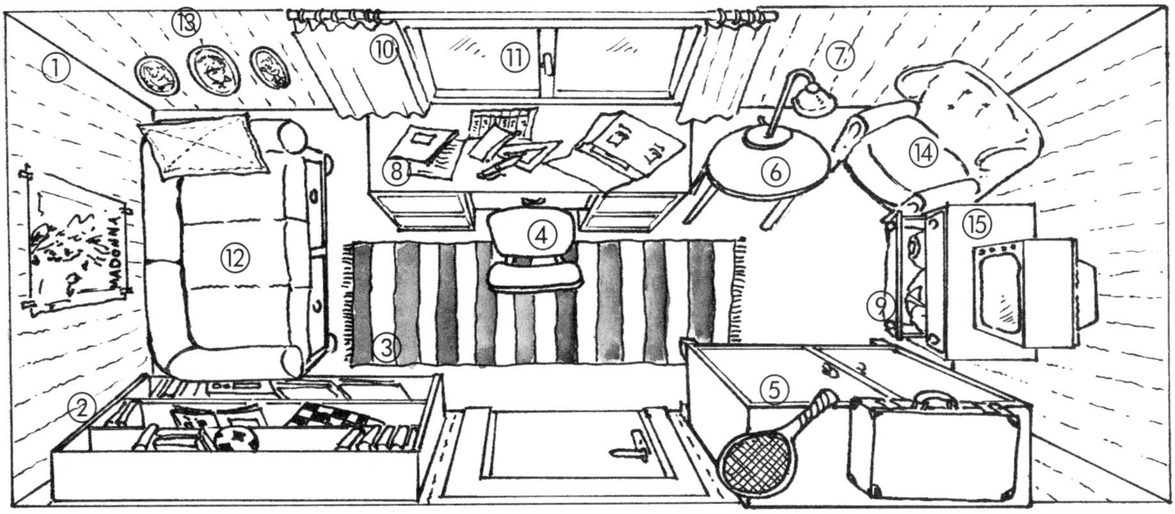

10 Ergänze die Sätze mit Ausdrücken aus der Hitparade.

1. Der Schrank steht ____________________.
2. ____________________ liegt ein Teppich.
3. ____________________ steht ein Schreibtisch.
4. ____________________ liegen Sachen.
5. ____________________ steht ein Regal.
6. Ein Tisch steht ____________________.

11 Wichtige Sätze und Ausdrücke – Schreibe in deiner Sprache.

Ich wohne in einem Hochhaus. ____________________

Unsere Wohnung ist klein, aber gemütlich. ____________________

Der Student, der über uns wohnt, ist Musiker. ____________________

Schau, hier steht der Sessel, den ich von Oma habe. ____________________

Wie heißt der Lehrer, der immer zu Fuß kommt? ____________________

Häng bitte dein Kleider in den Schrank. ____________________

12 Wichtige Wörter und Sätze für *mich*.

Meine Sprache:	Deutsch:

Einheit 13

1 Über Taschengeld sprechen – Ergänze den Text.

Wie viel Geld Jugendliche heute zur Verfügung haben, ist sehr verschieden. Markus findet, da__ __ 15 Euro im Mo__ __ __ zu wenig si__ __. Er hätte ge__ __ 20. Alle anderen Jugend__ __ __ __ __ __ bekommen mehr als er, me__ __ __ er. Manchmal arbe__ __ __ __ er und verd__ __ __ __ etwas Geld da__ __.

Manuel hat ke__ __ __ Probleme mit d__ __ Geld. Wenn er i__ __ Kino geht, beza__ __ __ __ seine Eltern. F__ __ die Schulsachen zah__ __ __ sie auch. Des__ __ __ __ spart er d__ __ meiste Geld, d__ __ er von sei__ __ __ Eltern bekommt.

Monika bekommt von ih__ __ __ Eltern zwölf Eu__ __ monatlich. Für gu__ __ Noten bekommt s__ __ auch etwas. Des__ __ __ __ reicht ihr Tasch__ __ __ __ __ __ meistens.

Kerstins Va__ __ __ ist seit se__ __ __ Monaten arbeitslos. D__ __ Geld, das s__ __ von ihren Elt__ __ __ bekommt, ist zu we__ __ __. Deshalb hilft s__ __ mit ihrem Bru__ __ __ ab Freitagabend in ei__ __ __ Supermarkt aufräumen, sau__ __ __ machen usw. D__ bekommen sie 15 Eu__ __ pro Person. Das brauchen sie auch für Schulsachen, Kulis und Bleistifte.

2 Zwei Meinungen von Eltern – Ergänze die fehlenden Wörter.

Zimmer – bekommt – Extras – ~~finde~~ – Geld – glaube – Oma – Taschengeld – viel – wenig – Wochenende – zahlen – Tag

1. Also, ich _finde_, mein Sohn bekommt genug ____________. Die ____________, wie Kinokarten, zahlen wir auch noch. Außerdem geht er am ____________ manchmal zu seiner ____________. Dann klagt er, wie ____________ Geld er hat, und dann ____________ er meistens noch was extra.
2. Na ja, sie bekommt nicht sehr ____________, aber wir ____________ ja viele Sachen extra. Ich ____________, sie gibt gar nicht ihr ganzes ____________ aus. Sie sitzt den ganzen ____________ in ihrem ____________ und lernt.

11

3 Über Konsequenzen sprechen

a Verbinde die Sätze mit *deshalb* und markiere die Subjekte und Verben.

1. Viele Jugendliche arbeiten in der Freizeit.	Sie (haben) zu wenig Zeit zum Lernen.
2. Erich ist schlecht in der Schule.	Er bekommt Nachhilfe.
3. Kerstins Eltern verdienen nicht gut.	Sie bekommt kein Taschengeld.
4. Peters Mutter arbeitet den ganzen Tag.	Peter muss im Haushalt helfen.
5. Viele Jugendliche telefonieren zu viel.	Sie sind immer pleite.
6. Mit 13 darf man offiziell noch nicht arbeiten.	Ich helfe meiner Oma und bekomme dafür Geld.
7. Handykarten sind sehr teuer.	Ich habe kein Handy mehr.
8. Am Montag ist Kino billiger.	Wir gehen immer montags ins Kino.

1. Viele Jugendliche arbeiten, deshalb (haben) sie zu wenig Zeit zum Leben.

___

___

___

___

___

___

___

___

b Gründe benennen – Schreibe die Sätze 1–8 mit *weil* und markiere die Verben im *weil*-Satz.

Viele Jugendliche haben zu wenig Zeit zum Lernen, weil sie in der Freizeit arbeiten.
Erich bekommt Nachhilfe ...

4 Wiederholung: Nebensätze mit *weil, dass* oder *wenn* – Ergänze die Konjunktionen und markiere die Verben.

1. Viele Eltern sind der Meinung, ________ ihre Kinder zu viel Geld für Handys (ausgeben).
2. Kerstin braucht viel weniger Geld, ________ sie mal einen Monat keine Handykarte kauft.
3. Rolf muss Geld verdienen, ________ er ein teures Hobby hat.
4. Dieter spart sein Taschengeld, ________ er seinen Freund in den USA besuchen will.
5. Tina benutzt ihr Handy nur dann, ________ ihre Oma eine Handykarte bezahlt.
6. Ricke ist schlecht in der Schule, ________ sie keine Lust zum Lernen hat.
7. Britta weiß schon jetzt, ________ sie nach der Schule eine Schreinerlehre macht.

13

14

5 ***Wofür / Für wen*** **– Schreibe die passende Frage und die Antwort wie im Beispiel.**

1. sparen → ein Skateboard	Wofür sparst du?	Für ein Skateboard.
2. malen / Bild → mein Freund	Für wen ...	Für
3. lernen → Deutschtest		
4. schreiben / das Gedicht → meine Mutter		
5. trainieren → der Schulsporttag		
6. Zeitung austragen → die Firma Klein		
7. brauchen / das Lineal → Mathe		
8. lesen / der Text → der Deutschunterricht		

16

6 **Über Zeit sprechen – Schreibe die Sätze mit den passenden Präpositionen. Es gibt zum Teil mehrere Möglichkeiten. Das Wort, vor das die Präposition kommt, haben wir markiert.**

am – ~~bis~~ – nach – seit – von ... bis – vor – um

1. ich / in der Woche / aufbleiben / dürfen / **zehn** Uhr
2. **31.** Juli / die Ferien beginnen
3. ich / **die** Schule / die Hausaufgaben / machen / gleich
4. ich / samstags / fernsehen / **Mitternacht**
5. wir / **2005** / wohnen / in Pisa
6. Peter / samstags / **10–12** Uhr / Zeitungen austragen
7. **Samstag** / Ilona / Geburtstagsparty / machen
8. die Party / anfangen / **19** Uhr
9. ich / **die** Party / meinen Freund / treffen
10. **Sonntag** / ich / Tennis spielen / immer

1. In der Woche darf ich bis zehn Uhr aufbleiben.
2. Die Ferien

18

7 Die SMS-Katastrophe – Bei etwa jedem zweiten Wort fehlt die Hälfte. Ergänze den Text.

Alice kommt aus der Schule nach Hause. Wenig Hausau__ __ __ __ __ __. Schönes Wet__ __ __, langes Woche__ __ __ __ __. Alles im grü__ __ __ Bereich. A__ __ sie d__ __ Wohnungstür aufm__ __ __ __, merkt s__ __, dass et__ __ __ faul i__ __. Ihr Va__ __ __ sitzt am Küche__ __ __ __ __ __ und sch__ __ __ sie wüt__ __ __ an. Be__ __ __ sie et__ __ __ sagen ka__ __, platzt er u__ __ hält i__ __ den Br__ __ __ vor d__ __ Nase: „W__ __ denkst du d__ __ eigentlich! Bi__ __ du wahns__ __ __ __ __ __ geworden? Sc__ __ __ dir d__ __ mal an! De__ __ __ Mutter u__ __ ich, w__ __ legen u__ __ den gan__ __ __ Tag krumm für di__ __ und uns__ __ __ Tochter h__ __ nichts Bess__ __ __ __ zu t__ __, als m__ __ Gott u__ __ der We__ __ zu telefo__ __ __ __ __ __. Internationale Telef__ __ __ __ __, 1000 SMS, kan__ __ __ du m__ __ das erkl__ __ __ __?!" Alice kapiert langsam. D__ __ Telefonrechnung. S__ __ wird weiß im Ges__ __ __ __, als s__ __ auf d__ __ Zahlen sch__ __ __. 898 SMS v__ __ 8.1. bis z__ __ 7. 2. Auweia! I__ __ Vater i__ __ in Fahrt. „Glaubst du de__ __, ich ka__ __ das Ge__ __ selber dru__ __ __ __? 146 Euro! D__ __ ist me__ __ als e__ __ halbes Ja__ __ Taschengeld. W__ __ willst du d__ __ bezahlen?" Normalerweise fällt ihr da ein Witz ein. Ihr Vater arbeitet in einer Druckerei. Aber das ist nicht der richtige Moment für Witze. „Bitte, Papa, reg dich nicht auf."

20

8 Ausreden erfinden

a Was passt zusammen?

1. Entschuldigung, Papa, aber
2. Ich hab gar nicht gemerkt,
3. Ich weiß, was passiert ist.
4. Tut mir Leid, ich passe
5. Weißt du Papa, ich hab

a) zurzeit Probleme mit meinem Freund und da hab ich ganz viel …
b) im nächsten Monat ganz bestimmt auf. In der ersten Woche …
c) Letzte Woche war mein Handy weg und nach zwei Tagen plötzlich wieder in meiner Schultasche. Ich glaube, dass …
d) ich kann das bezahlen, ich hab ja noch Geld auf meinem Konto.
e) dass ich so viel telefoniert habe. Vielleicht hat jemand …

b Schreibe die Ausreden/Entschuldigungen weiter.

… telefoniert. Ich hab mit ihm gesprochen und mit meiner Freundin Ute und da hab ich manchmal ganz vergessen, was das kostet.

Wortschatz-Hitparade

Nomen

Pluralform / Deine Sprache

die Ausrede -n / ____

____ Belohnung ____

____ Betrag ____

____ Einkauf ____

____ Eisdiele ____

____ Fahrt ____

____ Feuer ____

____ Freitagabend ____

____ Geschäft ____

____ Gott ____

____ Göttin ____

____ Haushalt ____

____ Jugendzeitschrift ____

____ Kinokarte ____

____ Konsequenz ____

____ Konto ____

____ Kredit ____

____ Papa ____

____ Preisliste ____

____ Schulbus ____

____ Schuljahr ____

____ Schulsachen ____

____ Sommerferien ____

____ Strafe ____

____ Supermarkt ____

____ Süßigkeit ____

____ Telefonrechnung ____

____ Zeitungsanzeige ____

Verben

anstrengen ____

aufregen ____

ausgeben ____

austauschen ____

beruhigen ____

bezahlen ____

drucken ____

einsammeln ____

pleite sein ____

sauber machen ____

sparen ____

stoppen ____

Adjektive

anonym ____

arbeitslos ____

faul ____

jährlich ____

komplett ____

monatlich ____

privat ____

unzufrieden ____

wahnsinnig ____

wahr ____

wöchentlich ____

wütend ____

Andere Wörter und Ausdrücke

bevor sie etwas sagen kann ____

seit drei Jahren ____

seit 2004 ____

tut mir Leid ____

vor zehn Uhr ____

um zehn Uhr ____

9 Ergänze die Sätze mit passenden Verben aus der Hitparade in der richtigen Form.

1. Wenn du so viel telefonierst, kannst du kein Geld für ein neues Fahrrad ______________.
2. Ich muss jetzt deine Rechnung ______________.
3. Das r______________ mich a______________.
4. Aber Papa, ______________ dich doch! Ich ______________ ja nicht total ______________. Ich habe Geld auf meinem Konto.
5. Ich produziere zwar Bücher, aber ich kann doch kein Geld ______________.
6. Ich kann ja ein Jahr lang kostenlos dein Auto ______________.

10 Silbenrätsel – Mit diesen Silben kannst du 15 Nomen aus der Hitparade bilden. Schreibe sie mit Artikel auf.

an	~~Be~~	bus	chen	dit	en	fe	fon	Ge	ge	gend
halt	Haus	jahr	Ju	kar	keit	Ki	Kon	Kre	le	~~loh~~
markt	mer	no	~~nung~~	nung	rech	ri	sa	schäft	schrift	Schul
Schul	Schul	Som	ßig	Sü	Super	Te	te	to	ungs	zei
zeit	Zeit									

die Belohnung

11 Wichtige Sätze und Ausdrücke – Schreibe in deiner Sprache.

Ich bekomme nicht genug Taschengeld. ______________

Deshalb arbeite ich samstags in einem Supermarkt. ______________

Ein Handy ist für mich wichtig. ______________

Wofür gibst du dein Geld aus? – Für mein Hobby. ______________

Für wen hast du das Geschenk gekauft? – Für Inge. ______________

Das tut mir Leid. Entschuldige bitte! ______________

12 Wichtige Wörter und Sätze für *mich*.

Meine Sprache:

____

____

____

____

____

Deutsch:

____

____

____

____

____

14

Einheit 14

3

1 Zu Besuch in Deutschland – Ergänze die fehlenden Wörter. ↓

Anna-Maria: Alle können in meiner Gastfamilie essen, wann sie wollen. Aber manche essen auch zusammen. Zum F____________ gibt es viele leckere Sachen, aber a____________ essen die Deutschen nur kalt. Und alle essen B____________. Ach so, und beim Essen kommt alles auf einen T____________. Ich finde das komisch.
In der Wohnung ist mir a____________, dass es sehr d____________ Bettdecken gibt. Wenn es kalt ist, ist das sehr gemütlich, aber im S____________ ist das zu warm. Und in vielen Z____________ gibt es Teppichboden. Ich liebe Teppich! …

Iwan: Die Stadt ist sehr sauber und es gibt viel G____________, viele Parks. Viele Deutsche mögen die N____________. Das gefällt mir sehr. Auf der Straße sind viele Leute nicht so f____________, nur manche lachen oder lächeln. Aber p____________ und zu Hause sind alle sehr nett. Kein Problem. Ich finde es i____________, dass in Deutschland so viele A____________ leben. Das habe ich nicht g____________. Manche können zwei oder drei S____________ sehr gut sprechen. Ich finde das toll …

Ösgün: … auf dem S____________ gehen die Schüler Arm in Arm. Das ist ganz n____________. Ich finde es gut, dass viele Lehrer hier nicht so s____________ sind. Die E____________ sind auch nicht so streng. Z.B. gehen viele J____________ abends aus. Ich gehe auch mit. Aber ich muss f____________ nach Hause. Ich f____________ das aber okay. Leider ist das W____________ hier nicht so schön. Es regnet oft und der Sommer ist ziemlich k____________ …

abends – aufgefallen – Ausländer – Brot – dicke – Eltern – finde – freundlich – früher – Frühstück – ~~Gastfamilie~~ – gedacht – Grün – interessant – Jugendliche – kalt – Natur – normal – privat – Schulhof – Sommer – Sprachen – streng – Teller – Wetter – Zimmern

2 Indefinita – Welche Indefinita passen zusammen? Schreibe sie zu den Bildern.

alle – etwas – ~~jemand~~ – manche – nichts – niemand – viele

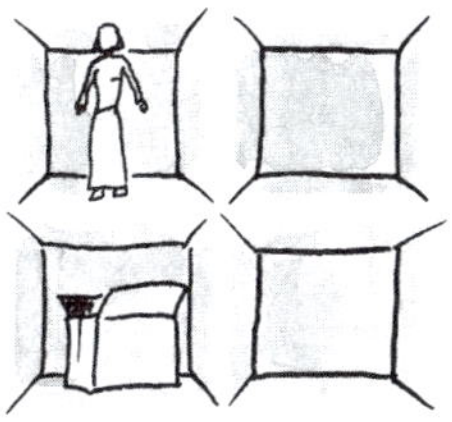

jemand ____________ ←→ ____________ a____________ → ____________ → ____________

e____________ ←→ ____________

3 Wähle die passenden Indefinita und schreibe die Sätze.

1. kennt / vom Sekretariat / die Telefonnummer / ? (jemand/niemand)
Kennt jemand die ______________________________

2. kannst / Brot geben / du mir / ? (nichts/etwas)
____

3. Freunde von mir / drei Sprachen / sprechen (etwas/manche)
____

4. kommen / unpünktlich / zu Einladungen / auch in Deutschland (manche/jemand)
____

5. ich habe / morgen / Zeit. Kommst du mit ins Schwimmbad? (etwas/nichts)
____

6. Deutsche / abends / kalt / essen (viele/niemand)
____

4 Aussagen über Deutschland – Ergänze den Text.

In Deutschland leben viele Ausländer. Auf d__ __ Straße ka__ __ man viele Mens__ __ __ __ sehen u__ __ hören, d__ __ verschiedene Spra__ __ __ __ sprechen. Es gi__ __ bestimmt 100 Sor__ __ __ Brot. Ab__ __ warm es__ __ die Deut__ __ __ __ __ nur ein__ __ __ am T__ __. Auch d__ __ Schule i__ __ anders: M__ __ muss fr__ __ aufstehen. D__ __ Schule fä__ __ __ oft sc__ __ __ um 8.00 U__ __ oder so__ __ __ früher an! Nie__ __ __ __ muss aufs__ __ __ __ __, wenn d__ __ Lehrer ko__ __ __. In ein__ __ __ __ Schulen gi__ __ es ei__ __ Cafeteria. Da ge__ __ __ manche Sch__ __ __ __ in d__ __ Pause h__, weil m__ etwas es__ __ oder tri__ __ __ __ kann. Da___ muss m__ __ aber beza__ __ __ __. Um 13 U__ __ ist d__ __ Schule meis__ __ __ __ zu En__ __. Man ka__ __ in Deuts__ __ __ __ __ __ schnell v__ __ Stadt zu St__ __ __ reisen. Ab__ __ man mu__ __ beim Rei__ __ __ immer ei__ __ Jacke mitn__ __ __ __ __. Am Mor__ __ __ kann d__ __ Sonne sche__ __ __ __ und dann regnet es plötzlich und wird kalt.

5 Kreuzworträtsel

Waagrecht:

4. Wer fremde Länder kennen lernen will, muss ...
7. Das deutsche Brot ist super, das musst du unbedingt ...
10. Um 13 Uhr ist in Deutschland meistens ...
14. Jedes Land hat seine eigene ... und seine Traditionen.
15. Viele halten die ... für etwas typisch Deutsches. Stimmt aber gar nicht.
19. In Deutschland tragen die Schüler keine ...

Senkrecht:

1. Deutsches Brot schmeckt echt ...
2. Manchmal kennt man die Sprache gut, aber es gibt ein ..., weil man die Kultur nicht gut genug kennt.
3. In Spanien und Schweden gibt es einen, in England ist es eine Frau und in Holland auch. In Deutschland gibt es keinen und in Frankreich z.B. auch nicht.
5. Viele Deutsche sind in einem ... Man trifft sich zum Sport, zum Singen oder um andere Hobbys gemeinsam zu machen.
6. Ich kenne mich hier nicht aus. Ich bin hier ...
8. Wir müssen uns ..., der Bus fährt gleich ab.
9. Ich bin heute eingeladen. Muss man als ... etwas mitbringen?
11. Mach schnell, die ... fährt fast immer pünktlich ab.
12. In Deutschland sind die Lehrer nicht so ... , meinen manche Austauschschüler.
13. Sie ist nicht aus Deutschland, sie ist ...
16. Wollen wir ...? Ich geb dir meinen Kuli und du mir deinen.
17. In den deutschen Städten ist der ... zum Teil sehr stark. Es gibt zu viele Autos.
18. Halt, halt, die ... ist rot. In Deutschland musst du da stehen bleiben.

6 Indirekte Fragesätze – Schreibe die Fragen.

Können Sie mir bitte sagen, wie viel Uhr es ist? wie viel Uhr / es / sein
Wissen Sie, ____________________? wo / Rathaus /sein
Können Sie mir erklären, ____________________? wie / zum Bus / kommen
Haben Sie verstanden, ____________________? wann / der Zug / fahren
Hast du eine Ahnung, ____________________? wo / Herr Schmidt / sein
Weißt du, ____________________? wo / Mozart / gelebt / haben
Kannst du mir erklären, ____________________? was / ein Nebensatz / sein
Hast du verstanden, ____________________? warum / der Computer / funktionieren / nicht
Ich frage mich, ____________________. wer / die Matheaufgabe / verstehen
Ich möchte gerne wissen, ____________________. welche / Deutschnote / ich / bekommen
Peter hat gefragt, ____________________. was / die Hauptstadt von Österreich / sein
Susanne fragt sich, ____________________. wer / die Freundin von Peter / jetzt / sein
Wir fragen uns, ____________________. warum / so viel / wir / lernen / müssen
Wir möchten gerne wissen, ____________________. wann / wir / nach Hause / dürfen
Ich hätten gerne gewusst, ____________________. wie viel / dein Handy / gekostet /haben

7 Europawetter – Ergänze die Sätze. ↓

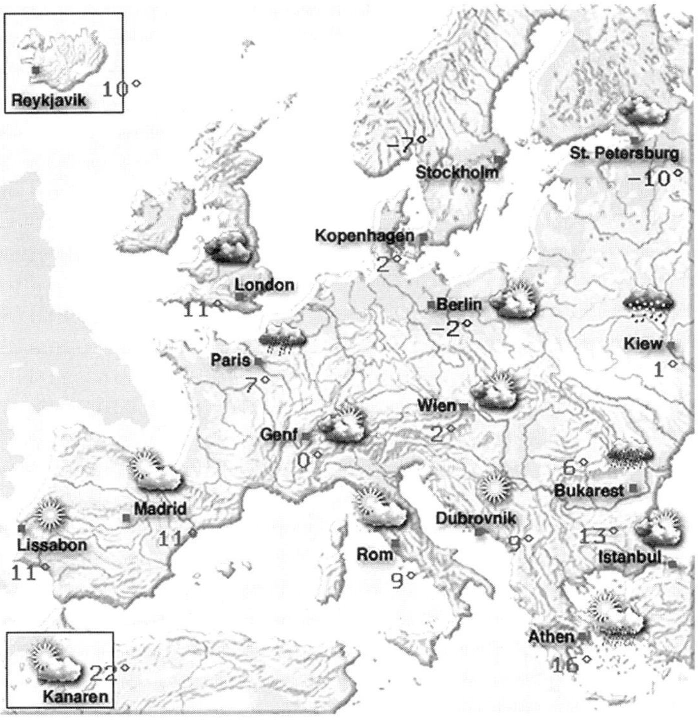

1. In London ist es bewölkt, aber nicht sehr ________ für den Winter. Nur 11 ________.
2. In Lissabon ________ die Sonne.
3. In Stockholm ist es richtig ________, ________ 7 Grad.
4. In Kiew ________ es.
5. Auf den Kanaren ist es für den Winter ziemlich ________, immerhin 22 Grad.
6. In Paris ________ es.

minus – regnet – ~~bewölkt~~ – warm – kalt – scheint – kalt – scheint – Grad

Wortschatz-Hitparade

Nomen

Pluralform / Deine Sprache

die Ampel -n/ ______

____ Atlas ______

____ Ausländer ______

____ Ausländerin ______

____ Austauschschüler ______

____ Austauschschülerin ______

____ Beobachtung ______

____ Bundesland ______

____ Eindruck ______

____ Gast ______

____ Gebäude ______

____ Grad ______

____ Jahreszeit ______

____ Klo ______

____ König ______

____ Königin ______

____ Kultur ______

____ Missverständnis ______

____ Projekt ______

____ Pünktlichkeit ______

____ Schulschluss Sg. ______

____ Schuluniform ______

____ Straßenbahn ______

____ Verein ______

____ Verkehr ______

____ Vermutung ______

____ Wetterkarte ______

Verben

auffallen ______

beeilen ______

einfallen ______

probieren ______

reisen ______

schneien ______

stellen ______

tauschen ______

untergehen ______

vermissen ______

Adjektive

bedeckt ______

bewölkt ______

fremd ______

lecker ______

spontan ______

streng ______

windig ______

Andere Wörter und Ausdrücke

Es regnet. ______

Es schneit. ______

Es ist bewölkt. ______

Es ist kühl. ______

Es ist kalt. ______

Es ist warm. ______

Es ist heiß. ______

Es sind nur 2 Grad. ______

8 Ergänze die Sätze mit Wörtern aus der Hitparade in der richtigen Form.

1. Die Bundesrepublik Deutschland hat 16 ____________________.
2. ● Wo liegt Sri Lanka? ○ Keine Ahnung. Schau doch mal im ____________________ nach.
3. ● Wie kommst du zur Schule? ○ Immer mit der ____________________.
4. Hej, die ____________________ ist rot. Auch Fahrradfahrer müsssen halten!
5. Deutsches Brot finde ich sehr ____________________. Ich esse es wirklich gern.
6. Deutsches Brot muss du unbedingt ____________________. Es schmeckt super.
7. Die englische ____________________ heißt Queen Elizabeth.
8. Meine liebste ____________________ ist der Frühling. Da ist es noch nicht so heiß.
9. Meine Eltern waren sehr ____________________, ich durfte nie abends weg.
10. An der Nordsee ist es fast immer ziemlich ____________________. Deshalb ist die Luft so gut.
11. Viele Deutsche sind Mitglied in einem ____________________.
12. Dirk, du musst dich ____________________! Wir kommen zu spät! Für meine Mutter ist ____________________ sehr wichtig.

9 Wichtige Sätze und Ausdrücke – Schreibe in deiner Sprache.

Viele Deutsche essen gerne Brot. ____________________

Kannst du mir sagen, wo das Museum ist? ____________________

Ich weiß nicht, warum wir so viel lernen müssen. ____________________

Ich frage mich, wann endlich der Frühling kommt. ____________________

Weißt du, wie lange das Wetter noch so schlecht bleibt? ____________________

Morgen scheint wieder die Sonne. ____________________

10 Wichtige Wörter und Sätze für *mich*.

Meine Sprache:	Deutsch:
____________________	____________________
____________________	____________________
____________________	____________________
____________________	____________________
____________________	____________________

Einheit 15

Lach mal wieder!

Abiturprüfung in Biologie. Der Prüfer deutet auf einen halb bedeckten Käfig, in dem nur die Beine eines Vogels zu sehen sind. Er fragt: „Wie heißt dieser Vogel?" „Weiß ich nicht." „Ihren Namen bitte!" Da zieht der Student seine Hosenbeine hoch: „Raten Sie mal!"

Fragt der Lehrer: „Was ist die Vergangenheitsform von ‚Der Mensch denkt und Gott lenkt.'? Darauf ein Schüler: „Der Mensch dachte und Gott lachte."

„Wie war's in Italien? Hast du Schwierigkeiten mit der Sprache gehabt?"
„Ich nicht. Aber die Italiener."

Helmut und Heini aus Hamburg fahren im Fahrstuhl in einem Münchner Hochhaus. Steigt ein Bayer im sechsten Stock zu und sagt: „Grüß Gott!" Die beiden etwas verdutzt: „Na ja , so hoch fahren wir nun auch wieder nicht!"

Eine Frau und ein Mann sitzen auf einer Parkbank. Sie isst Apfelkerne. Fragt er: „Warum tun Sie das?" Darauf antwortet die Frau: „Wissen Sie nicht, dass Apfelkerne klüger machen?" Fragt der Mann: „Darf ich mal probieren?" „5 Euro bitte." Er bezahlt und probiert es. Dann schreit er auf und sagt: „Hey, mit 5 Euro hätte ich mehrere Kilo Äpfel kaufen können!" Sagt sie lachend: „Sehen Sie, es wirkt schon!"

Im Kurort sagt ein Einheimischer zu einem Gast: „Das Klima hier ist ausgezeichnet. Als ich hier ankam, konnte ich nicht sprechen, nicht laufen und hatte keine Haare." „Donnerwetter, wie lange wohnen Sie denn schon hier?" „Seit meiner Geburt."

Der Optimist: „Das Glas ist halb voll." Der Pessimist: „Das Glas ist halb leer." Der Ingenieur: „Das Glas ist doppelt so groß, wie es sein müsste."

Lust auf Lesen

Ein schöner Frühlingstag

von Uli Wetz

Ein schöner Frühlingstag. Die Schule ist aus. Tonio und Lisa gehen zusammen nach Hause, sie wohnen in derselben Straße, nicht weit von der Schule. Sie sind beide fünfzehn. Tonio mag Lisa, aber er hat es ihr nicht gesagt. Er findet sich selbst nicht schön. Er hat blonde Haare, aber er findet schwarze Haare viel schöner. Und Lisa mag Tonio, aber sie hat es ihm auch nicht gesagt. Denn sie findet sich selbst auch nicht schön. Sie hat schwarze Haare, aber sie findet blonde Haare viel schöner.

Sie sprechen über die Hausaufgaben. Schon wieder so viele heute! Da klingelt das Handy von Tonio. Er zieht es aus der linken Jeanstasche heraus und will sich melden, da rutscht es ihm aus der Hand und fällt zu Boden. Der Deckel springt ab. Schnell bücken sich beide gleichzeitig nach dem Handy. Sie stoßen mit den Schultern und den Köpfen ein bisschen zusammen. „Oh!", sagen sie beide. Lisa nimmt das Handy und den Deckel und setzt sie wieder zusammen. Sie gibt Tonio das Handy. „Oh, danke", sagt Tonio. Lisa sagt: „Hoffentlich ist es nicht kaputt!" Tonio sagt: „Ich glaube nicht. Aber gib mir doch mal deine Nummer!" Lisa sagt ihm ihre Handynummer, und Tonio wählt die Nummer. Lisa hat ihr Handy schon in der Hand, es klingelt jetzt. Sie meldet sich: „Hier Lisa!" Tonio meldet sich: „Hier Tonio!" Pause. Dann sagt er: „Was meinst du, wollen wir ein Eis essen gehen?" Pause. Dann sagt Lisa: „Gern! Aber bitte nach den Hausaufgaben. Sonst werd ich so nervös!" Tonio sagt: „Okay, das geht mir auch so. Rufst du mich an?" Lisa sagt: „Okay, ich ruf dich an!" Und sie gehen weiter, nach Hause. Sie sind beide plötzlich so fröhlich. Und machen sich lustig über die Hausaufgaben.

Später ruft Lisa an: „Ich bin jetzt fertig! Aber ich hatte Probleme, ich konnte mich nicht richtig konzentrieren!" Tonio sagt: „Erstens: ich auch! Zweitens: ich auch!" Sie treffen sich an der Straßenkreuzung und gehen zum Bistro im Park. Dort kann man draußen sitzen. Sie reden kaum, aber sie schauen sich manchmal an. Dann sagt Tonio: „Du hast – so schöne schwarze Haare." Nach einer Pause sagt Lisa: „Und du hast – so schöne blonde Haare." Dann schweigen sie wieder und schauen sich manchmal an. Kurz vor dem Bistro bleibt Lisa stehen. Tonio bleibt auch stehen und schaut sie fragend an. Lisa greift in die linke Jeanstasche und zieht ihr Handy heraus, hält es in die Luft – und öffnet ihre Hand und lässt es fallen. Es fällt zu Boden, und der Deckel springt ab. Beide bücken sich gleichzeitig nach dem Handy, aber diesmal ganz, ganz langsam, und ihre Schultern und ihre Köpfe berühren sich leicht. Und Tonio setzt das Handy wieder zusammen und gibt es Lisa. Und sie stehen wieder auf, und beim Aufstehen greift Tonio nach der Hand von Lisa, und Lisa greift nach der Hand von Tonio. Und so gehen sie, Hand in Hand, in das Bistro im Park. An diesem schönen Frühlingstag.

L

Lösungen

EINHEIT 1

1a ihm – erzählt – ihr

1b heißt – intelligent – kann – mir – machen – helfen

1c alles – verlassen – vertraue

1d gehen – sind – liebsten – unterhalten

2a Zum Beispiel: alt /neu – billig/teuer – blöd/ intelligent – dumm/intelligent – falsch/ richtig – fantastisch/langweilig – feige/mutig – freundlich/ unfreundlich – früh/spät – gesund/ krank – glücklich/unglücklich – groß/klein – gut/schlecht – interessant/langweilig – kurz/ lang – langsam/schnell – laut/leise – langweilig/toll – leer/voll – leicht/schwer – praktisch/unpraktisch – pünktlich/ unpünktlich – sauer/süß – schwach/stark – schwarz/weiß – unwichtig/wichtig

2b 1. leise – laut 2. interessant – langweilig 3. alt – billig 4. pünktlich 5. krank – gesund 6. richtig – falsch 7. stark 8. schwarz – weiß

3 2f – 3g – 4b – 5c – 6d – 7a

4a Nominativ: sie – wir – Akkusativ: mich – es – euch – Dativ: dir – ihm – ihr – uns – ihnen/ Ihnen

4b 2. ihr 3. ihm 4. dir 5. euch – uns – mir – Ihnen

5 findet – komisch – dass – ihr – dass – mir – ziemlich – Streber – Wochen – dass – Hausaufgaben

6 2b – 3a – 4f – 5c – 6e – 7d

7 2. ..., dass Anna blöd ist. 3. ..., dass er kein Streber ist. 4. ..., dass Sandra arrogant ist. 5. ..., dass Julian eigentlich ganz o. k. ist. 6. ..., dass er Zeitungen austrägt. 7. ..., dass die Klasse gut in Mathe ist. 8. ..., dass klassische Musik total interessant ist. 9. ..., dass sie zu wenig Geld haben. 10. ..., dass die Kinder zu viel Geld haben.

Wortschatz-Hitparade: Nomen

die Freundschaft, -en
der Frisör, -e
die Frisörin, -nen
die Frisur, -en
das Futter, –
das Gespräch, -e
das Kompliment, -e
die Meinung, -en
der Mensch, -en
die Natur Sg.
das Prozent, -e
die Radtour, -en
die Szene, -n
das T-Shirt, -s
der Wunsch, ″-e

9 1. sportlich 2. feige/schwach 3. arrogant 4. dumm 5. ehrlich 6. böse 7. hilfsbereit

10 1. das Futter 2. die Frisörin 3. das Kompliment 4. der Mensch

EINHEIT 2

1 Ziel – Prospekten – Tagebuch – pünktlich – Personalausweis – Koffer – Zugfahrt – nachmittags – Brücke – Schuhe – Programm – Abfahrt – Ankunft – Stadtplan – Kirche – Universität – Haltestelle

2 helfen – komme – über – die – zum – geradeaus – durch – über – rechts – vorbei

3 a3 – b1 – c4 – d5 – e2 – f6

4 zum – zur – vorbei – über – durch – über – im – am

5a 2. Wir fahren morgen an den Rhein. 3. Im Urlaub fahre ich ans Meer. 4. Abends joggt mein Vater durch den Wald. 5. Kommst du mit ins Kino? 6. Gehen Sie hier durch den Park.

5b *zu* und *an ... vorbei* immer mit Dativ. – 1. zum 2. an der – vorbei

6a 1. laufen 2. stehen 3. gehen 4. fahren 5. sitzen

6b Zum Beispiel: 1. steht 2. joggt 3. sitzt 4. ist 5. fahren 6. geht

7 sitze – angekommen – gebraucht – waren – liegt – sieht ... aus – gegangen – gibt – sieht – gefahren – machen – fahren

8 Stunden – Stunden – Das – war – Wir – jeder – Wien-Fotos – von – Staatsoper – der – neben – dem – vor – im – weiter – sechs – alle – Rathaus – waren – und – und – nicht – Typisch – ist – spät – haben – ein – gemacht

Wortschatz-Hitparade: Nomen

die Abfahrt, -en	die Kirche, -n
die Altstadt, ʺ-e	die Kreuzung, -en
die Ankunft, ʺ-e	das Meer, -e
der Besuch, -e	der Moment, -e
die Brücke, -n	die Orientierung, -en
der Dom, -e	der Personalausweis, -e
das Dorf, -ʺer	der Plan, ʺ-e
die Fahrt, -en	der Platz, ʺ-e
der Fluss, ʺ-e	das Programm, -e
die Haltestelle, -n	die Skizze, -n
Herbstferien Pl.	der Stadtplan, ʺ-e
die Jugendherberge, -n	das Ziel, -e

9 1 das Meer – 2 die Brücke – 3 der Fluss – 4 die Kirche/der Dom – 5 die Jugendherberge – 6 der Platz – 7 die Haltestelle – 8 die Kreuzung

10 hineingehen – weitergehen – zurückfahren – sich erinnern

EINHEIT 3

1 Liebe – lieber – Gestern – waren – Blick – wollen – fahren – Grüße

2 hat – Stunden – Dann – wir – die – gemacht – hat – aber – war – als – haben – Spaß – und – bisschen – Später – wir – Fotoladen – Fotos – und – ein – gesetzt – hat – die – angeschaut

3 1. ..., dass Sabrina und Stefan blöd sind. 2. ..., dass sie auf Mareike gewartet haben. 3. ..., dass Sabrina und Stefan zusammen sein wollen. 4. ..., dass Stefan sie mag und nicht Sabrina.

4 angeschaut – fotografiert – gehabt – gehört – gemacht – notiert – geordnet – geplant – gesammelt – gesucht

5 Regelmäßige Verben tun nicht weh, vorne *ge-* und hinten *-t*.
Bei Verben auf -ieren kann nichts passieren, ohne *ge-* und hinten *-t*.

6 1. haben – gemacht 2. haben – gewartet 3. haben fotografiert 4. Habt – geplant 5. hat – studiert 6. gespielt hat 7. gesammelt hat 8. diskutiert haben

7 1. Mein Vater hat Mathematik studiert. 2. Mein Bruder hat Latein gelernt. 3. Hast du „Eminem" gehört? 4. Wir haben im Urlaub fotografiert. 5. Sie haben eine Reise nach Wien geplant. 6. Ich habe samstags beim Bäcker gearbeitet.

8 1. Jugendgästehaus 2. Donau 3. Koffer 4. Flohmarkt 5. Tagebuch 6. Cafeteria 7. Melange 8. Semmel 9. Kirche 10. Rezeption

9 2d – 3i – 4g – 5e – 6h – 7a – 8b – 9f – 10c

10

ge...t	ge...en	...ge...t	...ge...en	ohne *ge-*
gewusst, gebracht	gesungen, gegeben, geschrieben, gesprochen, gelaufen, geblieben, gegangen, getrunken, gesessen, gefunden, gekommen, geflogen, geholfen, gewesen	nachgedacht, mitgebracht	vorgelesen, angekommen, abgeschrieben, aufgestanden, weggelaufen, wiedergekommen	begonnen, passiert, erzählt, bekommen

11b 2. Sabrina hat eine Postkarte geschrieben. 3. Mareike ist einfach weggelaufen. 4. Mareike ist nicht gekommen. 5. Wir haben einen Kaffee getrunken. 6. Stefan hat nicht nachgedacht. 7. Meine Eltern sind nach Brasilien geflogen. 8. Sie haben meine Tante besucht. 8. Sie sind gestern zurückgekommen. 10. Was haben sie in Brasilien gesehen? 11. Sie haben nicht viel erzählt. 12. Sie sind bei meiner Tante in Rio geblieben.

12 1. ist – aufgestanden 2. hat sie – gefrühstückt 3. hat sie – angerufen 4. hat – diktiert 5. ist – gefahren 6. hat – gehabt 7. hat – getroffen

13 fahren – Prater – mit – war – Ich – schon – ich – euch – zeigen – sie – Das – und – haben – echt – gefallen – hat – Zeit – sechs – sie – Bus – aber – ist – die – Richtung – Kurz – sieben – sie – Westbahnhof – hat – Gruppe – Aber – war – Sie – Jugendhotel – Stefan – Telefon – dass – passiert

Wortschatz-Hitparade: Nomen

die Bank, ″-e/-en	die Möglichkeit, -en
die Bewegung, -en	die Polizei Sg.
der Blick, -e	das Rathaus, -″er
das Café, -s	die Ruhe Sg.
der Flohmarkt, ″-e	die Richtung, -en
der Ingenieur, -e	der Spaziergang, ″-e
die Ingenieurin, -nen	das Stichwort, -e/″-er
der Mist Sg.	die Unterschrift, -en
der Mittag, -e	der Vormittag, -e

14 1. anschauen 2. frühstücke 3. hält 4. verpasst 5. helfen 6. umsteigen 7. reservieren 8. geschrieben 9. gehe 10. packen 11. dusche

EINHEIT 4

1 2. Sandra meint, dass Kartenspielen besser ist als Fernsehen. 3. Tom sagt, dass er nicht gern fernsieht. 4. Mareike glaubt, dass sie Stefan liebt. 5. Toms Mutter meint, dass Tom zu viel fernsieht. 6. Sandras Vater findet, dass sie zu viel mit dem Handy telefoniert. 7. Corinna erzählt, dass sie ihre Freundinnen immer am Kiosk trifft. 8. Herr Schmidt erzählt, dass er die Mathearbeit nicht gefunden hat. 9. Anna sagt, dass sie gern in Jena gelebt hat. 10. Sandra erzählt, dass sie am Anfang Anna nicht gemocht haben.

2 1. mein Handy 2. wichtig sind 3. der ist sehr teuer 4. kann ich immer Musik hören 5. sind langweilig

3 1. ..., aber ich darf nur eine Stunde am Tag spielen. 2. ..., aber sie hat wenig Zeit. 3. ..., aber er macht auch viel Sport. 4. ..., aber ich verdiene Geld im Supermarkt. 5. ..., aber er ist total nett.

4b 2. Trend 3. praktisch 4. gegen 5. Experte/Expertin 6. Bücherei 7. Abenteuerliteratur 8. beliebt 9. Figur 10. Industrie 11. Melodien 12. erreicht 13. ersetzt 14. Markt

5 gut, besser, – lang, länger – viel, mehr, – groß, größer – gern, lieber – („schnell" und „klein" sind regelmäßig)

6 2. Sibylle ist nicht so groß wie Tanja. 3. Sibylle ist größer als Karin. 4. Fernsehen ist genauso schön wie Kino. 5. Fernsehen ist nicht so schön wie Lesen. 6. Fernsehen ist schöner als Arbeiten. 7. Ein Computer kostet genauso viel wie ein Laptop. 8. Ein Computer kostet nicht so viel wie ein Auto. 9. Ein Computer kostet mehr als ein Handy. 11. Ich lese nicht so gern, wie ich Musik höre. 12. Ich lese lieber, als ich Musik höre.

7 ich – Nur – hatten – Wir – nicht – sprechen – viel – heute – hatten – Ich – gerne – Abend – ich – Wir – weniger – heute – Musik – Hause – Problem – Musik – hören – wir – Manchmal – auch – gehen – toll – keinen – kein – hatten – Comics – keine – aber – unserer – viele – oder

8 1. Früher habe ich viele Briefe geschrieben. 2. Als Kind hat er gerne Lego gespielt. 3. Früher haben sie nicht so oft telefoniert. 4. Letztes Jahr sind wir in den Ferien nach Polen gefahren. 5. Seid ihr gestern ins Kino gegangen? 6. Hast du mich vorgestern angerufen?

9/10a
Die Tabellen findest du im Kursbuch auf Seite 103/11.

10b wollte – konnte – war – hatte – wollte – hatte – wollte – durfte – war – wollte – waren – hatten – mussten – konnten – durfte

Wortschatz-Hitparade: Nomen

das Abenteuer, –
der Brieffreund, -e
die Brieffreundin, -nen
die Bücherei, -en
die Chance, -n
der Experte, -n
die Expertin, -nen
die Fantasie, -n
die Figur, -en
die Geschichte, -n
die Industrie, -n
der Kontakt, -e
die Liste, -n
die Literatur, -en
der Markt, ″-e
die Melodie, -n
die Nachricht, -en
der Nachteil, -e
der PC, -s
die Ratte, -n
der Schulhof, ″-e
der Spielfilm, -e
der Spinat Sg.
das Symbol, -e
der Trend, -s
der Vorteil, -e
die Welt, -en

11 der Bildschirm – der PC / der Rechner – die Maus – die Tastatur – der Drucker

12 1. erlaubt 2. verdienen 3. vergleichen 4. billiger 5. erreicht 6. spannend

EINHEIT 5

Text 1, Basel: f, g – Text 2, Berlin: b, c, d, e – Text 3, Salzburg: a, h

EINHEIT 6

1 1. sitzen – aber – trainieren – viel – mich – dass – meinen – weil – viele – finde – gegen – spielen – unser – gewinnt
2. mag – nicht – habe – gefährlich – müssen – verletzt – keine – lieber – lese
3. Sport – Tennis – Woche – Training – Figur – Tennisprofi – Geld

2
[8] Beim ersten Mal bekommt man
[3] ist nicht wichtig und
[6] Hauptsache, man macht Sport und schafft
[1] In Deutschland machen viele
[4] es ist auch nicht so wichtig, wer am schnellsten läuft
[7] eine bestimmte Mindestleistung.
[10] Wenn man zum dritten Mal mitgemacht hat,
[2] Menschen das Sportabzeichen. Das Alter
[5] oder am höchsten springt.
[9] eine Medaille in Bronze, beim zweiten Mal in Silber.
[11] bekommt man eine Goldmedaille.

3 1. längste 2. berühmteste 3. höchste 4. kleinste 5. schönste 6. teuerste 7. schnellste

4

O		S	H	A	N	D	B	A	L	L					S		R	
H		C	K			S	K	A	T	E	N				C		A	
R		H	Ö			V	O	R	Ü	C	K	E	N		H		D	
H		U	R			O	P	E	W	E	R	F	E	N	N		F	G
O		L	P			L	F	N		K	U	K			U	W	A	E
C	S	T	E			L	W	N		O	G	N		R	P	E	H	F
H	P	E	R			E	E	E		P	B	I		E	F	L	R	Ä
S	O	R				Y	H	N		F	Y	E		K	E	T	E	H
P	R	Z	A	H	N	B		H	U	S	T	E	N	O	N	R	N	R
R	T				H	A	L	S	S	C	H	M	E	R	Z	E	N	L
I	P				V	L				H	A	L	S	D		K		I
N	L	S			E	L				M	N	A	S	E		O		C
G	A	P			R	K	Ö	R	P	E	R	T	E	I	L	R		H
E	T	O	S	I	L	B	E	R		R		H	A	N	D	D		
N	Z	R			E	M	U	N	D	Z		U	R	K	U	N	D	E
		T			T				M	E	D	A	I	L	L	E		
K	R	A	N	K	Z					N	L	A	U	F	E	N		
K	A	R	A	T	E	W	E	I	T	S	P	R	I	N	G	E	N	
		T			N				T	U	R	N	E	N				

Sport: der Sport, das Weitspringen Sg. / das Hochspringen Sg. / Volleyball Sg. / Handball Sg. / Karate / Rugby / der Weltrekord, -e / der Sportplatz, ″-e / die Sportart, -en / die Medaille, -n / die Urkunde, -n / der Rekord, -e / gefährlich / Silber / verletzen/ springen/skaten/turnen/werfen/ rennen/laufen / Rad fahren (das Radfahren)
Körper: der Körper, – / der Körperteil, -e / die Schulter, -n / der Rücken, – / der Zahn, ″-e / die Nase, -n / der Mund, – / der Kopf, ″-e / das Knie, – / der Hals, ″-e / das Ohr, -en / Hand, ″-e
Krankheit: die Schmerzen, die Kopfschmerzen Pl. / die Halsschmerzen Pl. / der Schnupfen / das Kopfweh Sg. / der Husten Sg. / krank, verletzen

5 Ich bin krank. Ich bin fit. Ich bin erkältet. – Mein Hals tut weh. Mein Bauch tut weh. Mein Rücken tut weh. – Ich habe Bauchweh. Ich habe Halsschmerzen. Ich habe Kopfweh. Ich habe Ohrenschmerzen. – Meine Beine tun weh. Meine Ohren tun weh. Meine Füße tun weh. Meine Arme tun weh.

6a b) bin – erkältet c) hat – aufgepasst d) war e) habe – gehabt f) wird g) kennen h) kennen

6b 2. ..., weil ich erkältet bin. 3. ..., weil er beim Turnen nicht aufgepasst hat. 4. ..., weil ich gestern nicht in der Schule war. 5. ..., dass ich Fieber gehabt habe. 6. ..., dass der Mathetest schwer wird. 7. ..., weil wir ihn schon kennen. 8. ..., dass wir ihn schon kennen.

Wortschatz-Hitparade: Nomen

das Alter Sg.	die Hand, "-e
der Arm, -e	der Husten Sg.
das Auge, -n	das Knie, –
der Bauch, "-e	der Kopf, "-e
Bauchschmerzen Pl.	Kopfschmerzen Pl.
das Bein, -e	das Kopfweh Sg.
die Brust, "-e	der Körper, –
der Daumen, –	der Körperteil, -e
das Ergebnis, -e	der Mund, "-er
die Erkältung, -en	die Nase, -n
der Finger, –	das Ohr, -en
der Fuß, "-e	der Punkt, -e
das Gesicht, -er	der Rücken, –
die Grippe Sg.	der Schnupfen Sg.
das Haar, -e	die Schulter, -n
der Hals, "-e	die Sportart, -en
Halsschmerzen Pl.	der Zahn, "-e

7 1. beantworten 2. gewinnen 3. laufen/rennen 4. ruhe ... aus 5. wählen 6. legt 7. organisieren 8. mitmachen

8 krank/erkältet – elegant – verschieden – fit – gefährlich

EINHEIT 7

1 Herbie: überhaupt – Seine – legt – die – hin – zieht – mag – Sachen – Jeans – Größe – Die – ist – egal – liebsten – Moment – dunkle – Sehr – hat – eine – die – passt – sind – Schuhe – findet – gut
Alexa: mag – sonnige – Sie – oft – ihrer – Ilona – nicht – Meistens – sie – Kaufhaus – neue – Später – sie – mit – Mutter – sie – die – manchmal – kann – Kleider – machen – Beispiel – Das – billiger – gibt – ein – Stress

2 Zum Beispiel: allein/gemeinsam – altmodisch/modern – beliebt/unbeliebt – dick/dünn – dumm/klug – dunkel/hell – ehrlich/unehrlich – elegant/sportlich – eng/weit – falsch/richtig – feige/mutig – fern/nah – fröhlich/traurig – gesund/krank – gleich/verschieden – häufig/selten – hoch/niedrig – kalt/warm – laut/leise – (salzig/süß) – treu/untreu – unsportlich/sportlich – viel/wenig

3 2. b/g/h – 3. a/e/f/l – 4. f/g/h/i/j

4 1. Jeans – Sweatshirt – Schuhe – Sonnenbrille – Schal – Mütze 2. Hosenanzug – Kleid 3. Anzug – Hemd – Krawatte – Hose – 4. Bikini

5

	der Schal	das Hemd	die Jacke	die Schuhe (Plural)
Nominativ	der rote Schal (k)ein roter Schal mein roter Schal	das rote Hemd (k)ein rotes Hemd mein rotes Hemd	die rote Jacke (k)eine rote Jacke meine rote Jacke	die roten Schuhe – rote Schuhe keine roten Schuhe meine roten Schuhe
Akkusativ	den roten Schal (k)einen roten Schal meinen roten Schal			

6 2. schöne 3. neues – rote 4. schwarzen 5. neue 6. schnelleren 7. altes 8. jungen

7 ganze – dicke – breite – eleganter – hässliche – großen – schwarzen – schönen

8 **Tina** trägt schwere Schuhe, einen langen Rock und eine große Brille. Sie hat lange Haare und trägt einen dicken Pullover.
Timo trägt eine kleine Brille, eine kurze Hose und ein gestreiftes Hemd. Er hat kurze Haare und trägt eine teure Uhr.

9 Beispiel (die Endungen müssen wie in diesem Beispiel sein): Letzte Nacht hatte ich einen seltsam**en** Traum: Ich gehe im Wald spazieren. Über mir ein bunt**er** Vogel. Als ich ihm nachsehe, kommt ein klein**es** Reh zwischen den groß**en** Bäumen hervor und schaut mich aus braun**en** Augen an. Plötzlich steht der bös**e** Wolf vor mir. Er hat ein grau**es** Fell und einen lang**en** Schwanz. Er öffnete sein riesig**es** Maul und ich kann seine dick**e** Zunge und sein gefährlich**es** Gebiss sehen. Hinter ihm steht das lieb**e** Rotkäppchen. Es trägt ein grün**es** Kleid und natürlich die rot**e** Mütze. „Rotkäppchen", sage ich, da läuft es schnell in den tief**en** Wald. Im gleichen Moment springt der bös**e** Wolf mit einem groß**en** Satz auf mich zu. Ich falle hin, er reißt sein riesig**es** Maul auf und … da bin ich aufgewacht.

Wortschatz-Hitparade: Nomen

die Bluse, -n
die Brille, -n
die Farbe, -n
der Geschmack Sg.
die Größe, -n
die Hose, -n
der Hut, ″-e
die Jacke, -n
das Kleid, -er
die Kleidung Sg.
das Kleidungsstück, -e
die Kommode, -n
die Krawatte, -n
die Lieblingsfarbe, -n
der Manager, –
die Managerin, -nen
der Mantel, ″ –
die Mode, -n
die Mütze, -n
der Pullover, –
der Rock, ″-e
der Schal, -s
die Schublade, -n
die Situation, -en
der Skandal, -e
der Sportschuh, -e
der Stiefel, –

10 2. die Krawatte 3. die Bluse 4. bunt 5. grau 6. berichten

11 altmodisch/unmodern – tot – einfarbig – warm – sonnig – eng – dunkel – altmodisch/unmodern – bequem – natürlich

EINHEIT 8

1 Waagrecht: 2. Käse 4. Apfel 8. Wurstbrötchen 9. Restaurant 11. Mineralwasser 13. Gemüse 15. Filialen 17. Chips 19. Bratwurst
Senkrecht: 1. fett 2. Kartoffel 3. Kiwi 5. Obst 6. Brokkoli 7. Möhre 10. Torte 12. Schnitzel 14. scharf 16. Imbiss 18. salzig

2 ~~selten~~ oft – ~~keine~~ viele – ~~oft~~ selten – ~~Weißwurst~~ Bratwurst – ~~Döner~~ Schnitzel – ~~indische~~ türkische

3 ein – trinkt – Tasse – weil – Uhr – der – sein – Seine – hat – Zeit – ein – und – einen – und – Orangensaft – isst – zwei – mit – und – und – Bruder – manchmal – Teller – Zum – sind – Kinder – Hause – gibt – mit – oder – Suppe – Eltern – der – Das – ist – kalt – gibt – auch – grünen – mit – Sonntagnachmittag – oft – und – Meistens – Frau – den – schon – Samstag

4 1. g/j (b/f) – 2. e/i – 3. c/h – 4. b/f (e/i) – 5. a/d

5

Personalpronomen								
Nominativ	ich	du	er	es	sie	wir	ihr	sie/Sie
Akkusativ	mich	dich	ihn	es	sie	uns	euch	sie/Sie
Dativ	mir	dir	ihm	ihm	ihr	uns	euch	ihn/Ihnen

Possessivartikel (Singular)								
Nominativ								
m/n	mein	dein	sein	sein	ihr	unser	euer	ihr/Ihr
f	meine	deine	seine	seine	ihre	unsere	eure	ihre/Ihre
Akkusativ								
m	meinen	deinen	seinen	seinen	ihren	unseren	euren	ihren/Ihren
n	mein	dein	sein	sein	ihr	unser	euer	ihr/Ihr
f	meine	deine	seine	seine	ihre	unsere	eure	ihre/Ihre
Dativ								
m/n	meinem	deinem	seinem	seinem	ihrem	unserem	eurem	ihrem/Ihrem
f	meiner	deiner	seiner	seiner	ihrer	unserer	eurer	ihrer/Ihrer

6 2. Opa … Oma 3. Großeltern/Freundin 4. Großeltern/Freunden 5. Freundin 6. Mathelehrer

7 1. meinem 2. deine 3. seinen 4. euren 5. unseren 6. deiner

8a 1. Von/Bei meiner 2. mit/zu einem 3. bei/mit ihrer 4. Nach einem 5. Seit einem 6. Aus/Mit einer 7. Zu einem – mit einem

8b Die Endung ist immer -(e)n.

9 1. Salat … Katastrophe / Blödsinn … Käse 2. Keks / Nerven 3. wurst … egal Sprechblasen: Tomaten … aufpassen

Wortschatz-Hitparade: Nomen

der Apfel, "-
die Bratkartoffel, -n
der Brokkoli, –
die Dame, -n
der Deutschlehrer, –
die Deutschlehrerin, -nen
die Ernährung Sg.
die Firma, Firmen
die Frucht, "-e
das Gemüse, –
der Imbiss, -e
die Jugend Sg.
die Kantine, -n
die Karotte, -n
die Kartoffel, -n
der Käse, –
die Katastrophe, -n
der Keks, -e
das Lieblingsessen, –
die Marmelade, -n
das Mineralwasser, –
die Möhre, -n
die Nation, -en
das Obst Sg.
das Restaurant, -s
die Sahne Sg.
der Salat, -e
das Schnitzel, –
der Sonntagnachmittag, -e
die Speise, -n
das Stück, –/-e
die Tasse, -n
der Teller, –
die Tomate, -n
die Torte, -n
die Kiwi, -s
die Kuh, "-e
das Lebensmittel, –
die Umfrage, -n
das Weißbrot, -e
der Witz, -e

EINHEIT 9

1 Das war ein verrückter Abend. Zuerst ging es mir schlecht, weil ich um 7 Uhr noch Lebensmittel einkaufen gehen musste. Immer muss ich einkaufen gehen und meine Schwester fast nie!!! Natürlich war ich dann erst um acht bei Miriams Party. Ich wollte so gern mit Miriam zusammen sein. Aber sie hat sich nur mit Bernd unterhalten. Ich war echt sauer auf sie. Ich hatte schlechte Laune und wollte nach Hause gehen. Plötzlich war Rhea da und hat gesagt, dass sie mitkommt. Rhea und ich sind dann zusammen ins Kino gegangen und wir haben uns richtig gut unterhalten. Die ist total lieb.

2 1. klar – spät – aufpassen 2. Super – tanzt – dir 3. los – blöde – Finde – Hause – auch

3 2. gut drauf 3. wütend 4. total 5. keine Laune 6. egal 7. alles los 8. alles gut

4 1. Mir (geht) es gut, wenn die Sonne (scheint). 2. Wenn ich (aufräumen muss), (dann) (bin) ich sauer. 3. Ich (bin) traurig, wenn Monika mit Markus (tanzt). 4. Wenn Peter eine Fünf in Mathe (schreibt), (dann) (ist) er wütend. 5. Herr Schmidt (hat) schlechte Laune, wenn die Schüler keine Hausaufgaben (machen). 6. Kati (geht) es gut, wenn sie eine Torte von ihrer Oma bekommt. 7. Wenn Kati die Torte allein isst, (dann) geht es ihr schlecht. 8. Wenn wir das Fußballturnier gewinnen, (dann) feiern wir. 9. Rhea kommt mit, wenn ich ins Kino gehe.

5 dass – weil – dass – weil – dass – weil – dass – weil – dass – dass – weil – weil – dass – weil

6 2. Weil ich nicht musikalisch bin, spiele ich kein Instrument. 3. Ich finde, dass die Englischlehrerin zu viele Hausaufgaben gibt. 4. Wenn Paul sein Taschengeld bekommt, dann kauft er seine „Bravo“. 5. Weil Silke kein Geld hat, kann sie den Rock nicht kaufen. 6. Es ist schön, dass wir nächste Woche Ferien haben. 7. Wenn meine Schwester Zeit hat, hilft sie mir beim Deutschlernen.

7a 2. Mach sofort das Fenster zu. 3. Warum lässt du immer die Tür offen stehen? 4. Mach schnell, der Bus fährt gleich ab. 5. Du musst mehr Sport machen. 6. Warum hast du die Hausaufgaben nicht gemacht? 7. Kannst du nicht dein Zimmer aufräumen? 8. Du hast vor zwei Wochen zehn Euro von mir geliehen! 9. Ihr kommt immer zu spät zum Essen!

7b 1c – 2e – 3d – 4a – 5b – 6f – 7h – 8i – 9g

Wortschatz-Hitparade: Nomen

die Auflösung, -en	die Laune, -n
das Gefühl, -e	der Sinn *hier* Sg.
der Idiot, -en	der Sonnenschein Sg.
die Idiotin, -nen	das Taschengeld, -er
der Konflikt, -e	die Überraschung, -en
die Kritik, -en	der Wecker, –

8 1. Gefühl 2. Kritik 3. Ärger 4. Laune – Konflikt – Taschengeld 5. Wecker

9 1. zurückgeben 2. wechseln 3. verabredet 4. entschuldigen

EINHEIT 10

1b: Wir finden es super. 2a: ... ins Kino? 2c: ... auf dem Stephansdom? 3c: Ich bin ... hingefallen. 4a: ... größer ... 4c: ... wie Englisch. 5b: ... weil ich zum Arzt muss. 6b: ... mit deine**m** ... 6c: ... mit unseren ... 7b: ...wenn ihr ins Schwimmbad geht. 7c: ... wenn du so etwas sagst.

EINHEIT 11

1 1. hungrig 2. Genie – deshalb 3. Büro 4. Verdacht – Rätsel 5. Fall – Täter – Spur 6. Besucher 7. herausfinden 8. verliebt 9. Münzen – wertvoll 10. Zeitungsbericht – vorgestern 11. halbtags 12. zurückgeben 13. vermuten 14. abwischen 15. Schultasche 16. auspacken 17. wünsche 18. vorgeschlagen

2a hat angefangen – hat bekommen –hat beschrieben – hat gebeten – ist gegangen – hat gewonnen – hat gehalten – hat geholfen – ist gelaufen – hat gelegen – hat nachgedacht – ist gerannt – hat geschrieben – hat stattgefunden – hat gestanden – hat getragen – ist umgestiegen – hat verglichen – hat verloren – hat vorgeschlagen – hat weggenommen – hat zurückgebracht

2b reserviert – fotografiert – kontrolliert

2c 2. habe – verabredet 3. hat – geholfen 4. habe – beschrieben 5. bin – gegangen 6. hat – weggenommen 7. ist – gegangen 8. hat – verdient 9. hat – erlaubt 10. habe – getragen

3 1. wollte – konnte 2. putzte – fragte 3. durfte – erlaubten 4. kaufte 5. schickte

4a fing an – bekam – beschrieb – bat – ging – gewann – hielt – half – lief – lag – dachte nach – rannte – schrieb – fand statt – stand – trug – stieg um – verglich – verlor – schlug vor – nahm weg – brachte zurück

4b hieß – war – hatte – benahm – kam – machte – sah – ging – las – waren – ging – sprach – gab – hatte – ging – sprach – wollte – wusste – war – lagen – waren – konnte

5 seiner – fand – Polizei – wertvolle – aus – Stadtmuseum – Mann – Schulden – wollte – sein – Fahrrad – Die – berichtete – der – von – 13-jährigen – kam

6 dachte nach – war – kam – wollte – las – ist ... eingeschlafen – klingelte – musste – weg-gelaufen bin – hatte – habe ... bekommen – habe ... gemacht – gezeigt – wollte – habe ... gekauft

Wortschatz-Hitparade: Nomen

der Besucher, –	die Münze, -n
die Besucherin, -nen	der Rhythmus, Rhythmen
das Büro, -s	die Schultasche, -n
die Bushaltestelle, -n	die Spur, -en
die Ecke, -n	der Täter, –
der Fall, ″-e	die Täterin, -nen
das Genie, -s	das Telefonat, -e
der Journalist, -en	der Verdacht Sg.
die Journalistin, -nen	die Wiederholung, -en
das Rätsel, –	der Zeitungsbericht, -e
der Klub, -s	

7 1. abwischen 2. putzen 3. rechnen 4. aufsetzen 5. auspacken 7. pfeifen 8. einschlafen

8 Waagrecht: 1. Schultasche 3. Bushaltestelle 4. Büro 5. Rhythmus 6. Journalistin 7. Münze 8. Wiederholung – Senkrecht: 2. Telefonat 4. Besucher 5. Rätsel

EINHEIT 12

1 in – hinter – In – neben – in – vor – auf – Auf – auf – an – mit – auf – Vor – An – gegenüber – mit – am – Vor – an – Auf – In – an

2 1. steht – Schreibtisch – Wand 2. Boden liegt 3. Wänden hängen – Decke hängt 4. Boden – Computertisch

3a 1. auf 2. zwischen 3. unter 4. auf 5. in 6. in 7. hinter 8. vor 9. neben

3b 2 stehen • 3. verstecken • – laufen → 4. springen → 5. sitzen • – springen → 6. liegen • 7. laufen → 8. setzen →

3c 1. auf dem – von dem 2. zwischen dem – dem 3. unter dem – hinter den 4. auf den 5. im – auf den 6. in der 7. hinter den 8. vor den

4 1. • Mein Bett steht an der Wand. 2. → Ich will mein Bett unter das Fenster stellen. 3. • Der Schreibtisch steht neben der Tür. 4. → Ich will den Schreibtisch neben das Bett stellen. 5. • Meine Poster hängen an der Wand. 6. → Ich will die Bilder an die Wand hängen. 7. • Der blaue Teppich liegt auf dem Boden. 8. → Ich will einen grünen Teppich auf den Boden legen. 9. • Mein Computer steht auf meinem Schreibtisch. 10. → Ich will den Computer unter den Schreibtisch stellen.

5a Von AUSBEIMIT NACH VONSEITZU fährst immer mit dem Dativ du.

5b 2. bei deinen 3. Nach dem 4. Mit so einem 5. von meinem 6. Seit ich meiner 7. zu meiner

6a 2a – 3e – 4b – 5c

6b 2. Ich habe ein großes Zimmer. Ich muss es / das Zimmer jede Woche aufräumen und putzen. 3. Alexa wohnt in einer Mietwohnung. Sie / Die Mietwohnung hat einen Balkon zum Hof. 4. Elins Fachwerkhaus ist sehr gemütlich. Ihr Vater hat es / das Fachwerkhaus renoviert. 5. Mein Bruder hat einen Digitalfoto. Ich darf ihn / den Digitalfoto manchmal auch verwenden.

7 2. Mein Onkel wohnt in einem Bauernhof, den er selbst renoviert hat. 3. Ist die Katze, die du jetzt hast, lieb? 4. Ich habe bei eBay einen Computer gefunden, der nur 100 Euro gekostet hat. 5. Einstein, der Olli sehr mag, macht sich Sorgen um ihn. 6. Wie gefällt dir der rote Schal, den Miri mir geschenkt hat? 7. Die Bluse, dich ich mir gekauft habe, habe ich heute zurückgebracht. 8. Die Reise nach Wien, die wir letztes Jahr gemacht haben, war super.

8 2. das Bauernhaus 3. der Altbau 4. die Miete 5. die Küche 6. der Balkon 7. der Schreibtisch-stuhl 8. die Nachbarn

Wortschatz-Hitparade: Nomen

das Bad, ″-er	das Möbelstück, -e
der Balkon, -e	der Platz Sg.
das Chaos Sg.	der Quadratmeter, –
der Flur, -e	das Regal, -e
die Hauptstraße, -n	das Schlafzimmer, –
der Hausbesitzer, –	der Schrank, ″-e
die Hausbesitzerin, -nen	der Schreibtisch, -e
das Hochhaus, ″-er	der Sessel, –
der Hof, ″-e	der Stock, Stockwerke
der Keller, –	der Student, -en
das Kinderzimmer, –	die Studentin, -nen
die Küche, -n	die Tapete, -n
die Matratze, -n	die Wohnung, -en
die Miete, -n	

10 Zum Beispiel: 1. an der Wand 2. Auf dem Boden 3. Vor dem Fenster 4. Auf dem Boden 5. Neben der Tür 6. zwischen dem Schreibtisch und dem Sessel / am Fenster

EINHEIT 13

1 dass – Monat – sind – gern – Jugendlichen – meint – arbeitet – verdient – dazu – keine – dem – ins – bezahlen – Für – zahlen – Deshalb – das – das – seinen – ihren – Euro – gute – sie – Deshalb – Taschengeld – Vater – seit – Das – sie – Eltern – wenig – sie – Bruder – einem – sauber – Da – Euro

2 1. Taschengeld – Extras – Wochenende – Oma – wenig – bekommt 2. viel – zahlen – glaube – Geld – Tag – Zimmer

3a 2. …, deshalb bekommt er Nachhilfe. 3. …, deshalb bekommt sie kein Taschengeld. 4. …, deshalb muss Peter im Haushalt helfen. 5. …, deshalb sind sie immer pleite. 6. …, deshalb helfe ich meiner Oma und bekomme dafür Geld. 7. …, deshalb habe ich kein Handy mehr. 8. …, deshalb gehen wir immer montags ins Kino.

3b 2. Erich bekommt Nachhilfe, weil er schlecht in der Schule ist. 3. Kerstin bekommt kein Taschengeld, weil ihre Eltern nicht gut verdienen. 4. Peter muss im Haushalt helfen, weil seine Mutter den ganzen Tag arbeitet. 5. Viele Jugendliche sind immer pleite, weil sie zu viel telefonieren. 6. Ich helfe meiner Oma und bekomme dafür Geld, weil man mit 13 offiziell noch nicht arbeiten darf. 7. Ich habe kein Handy mehr, weil Handykarten sehr teuer sind. 8. Wir gehen immer montags ins Kino, weil Kino am Montag billiger ist.

4 2. Kerstin braucht viel weniger Geld, wenn sie mal einen Monat keine Handykarte kauft. 3. Rolf muss Geld verdienen, weil er ein teures Hobby hat. 4. Dieter spart sein Taschengeld, weil er seinen Freund in den USA besuchen will. 5. Tina benutzt ihr Handy nur dann, wenn ihre Oma eine Handykarte bezahlt. 6. Ricke ist schlecht in der Schule, weil sie keine Lust zum Lernen hat. 7. Britta weiß schon jetzt, dass sie nach der Schule eine Schreinerlehre macht.

5 2. Für wen malst du ein Bild? – Für meinen Freund. 3. Wofür lernst du? – Für den/einen Deutschtest. 4. Für wen schreibst du das Gedicht? – Für meine Mutter. 5. Wofür trainierst du? – Für den Schulsporttag. 6. Für wen trägst du Zeitungen aus? – Für die Firma Klein. 7. Wofür brauchst du das Lineal? – Für Mathe. 8. Wofür liest du den Text? – Für den Deutschunterricht.

6 2. Die Ferien beginnen am 31. Juli. 3. Nach der Schule mache ich gleich die Hausaufgaben. 4. Samstags sehe ich bis/nach/um Mitternacht fern. 5. Bis/Seit 2005 wohnen wir in Pisa. 6. Peter trägt samstags von 10 bis 12 Zeitungen aus. 7. Ilona macht am Samstag eine Geburtstagsparty. 8. Die Party fängt nach/vor/um 19 Uhr an. 9. Nach/Vor der Party treffe ich meinen Freund. 10. Am Sonntag spiele ich immer Tennis.

7 Hausaufgaben – Wetter – Wochenende – grünen – Als – die – aufmacht – sie – etwas – ist – Vater – Küchentisch – schaut – wütend – Bevor – etwas – kann – und – ihr – Brief – die – Was – dir – Bist – wahnsinnig – Schau – das – Deine – und – wir – uns – ganzen – dich – unsere – hat – Besseres – tun – mit – und – Welt – telefonieren – Telefonate – kannst – mir – erklären – Die – Sie – Gesicht – sie – die –

schaut – vom – zum – Ihr – ist – denn – kann – Geld – drucken – Das – mehr – ein – Jahr – Wie – das

8a 1d – 2e – 3c – 4b – 5a

Wortschatz-Hitparade: Nomen

die Belohnung, -en	das Konto, Konten
der Betrag, "-e	der Kredit, -e
der Einkauf, "-e	der Papa, -s
die Eisdiele, -n	die Preisliste, -n
die Fahrt, -en	der Schulbus, -se
das Feuer, –	das Schuljahr, -e
der Freitagabend, -e	Schulsachen Pl.
das Geschäft, -e	Sommerferien Pl.
der Gott, "-er	die Strafe, -n
die Göttin, -nen	der Supermarkt, "-e
der Haushalt, -e	die Süßigkeit, -en
die Jugendzeitschrift, -en	die Telefonrechnung, -en
die Kinokarte, -n	die Zeitungsanzeige, -n
die Konsequenz, -en	

9 1. sparen 2. bezahlen 3. regt ... auf 4. beruhige – bin ... pleite 5. drucken 6. sauber machen

10 die Zeitungsanzeige – der Schulbus – die Schulsachen Pl. – der Kredit – die Sommerferien Pl. – die Telefonrechnung – das Geschäft – die Jugendzeitschrift – der Haushalt – das Schuljahr – die Kinokarte – die Süßigkeit – das Konto – der Supermarkt

EINHEIT 14

1 Anna-Maria: Frühstück – abends – Brot – Teller – aufgefallen – dicke – Sommer – Zimmern
Iwan: Grün – Natur – freundlich – privat – interessant – Ausländer – gedacht – Sprachen
Osgün: Schulhof – normal – streng – Eltern – Jugendliche – früher – finde – Wetter – kalt

2 jemand/niemand – etwas/nichts – alle/viele/einige

3 1. Kennt jemand die Telefonnummer vom Sekretariat? 2. Kannst du mir etwas Brot geben? 3. Manche Freunde von mir sprechen drei Sprachen. 4. Manche kommen auch in Deutschland unpünktlich zu Einladungen. 5. Ich habe morgen etwas Zeit. Kommst du mit ins Schwimmbad? 6. Viele Deutsche essen abends kalt.

4 der – kann – Menschen – und – die – Sprachen – gibt – Sorten – Aber – essen – Deutschen – einmal – Tag – die – ist – Man – früh – Die – fängt – schon – Uhr – sogar – Niemand – aufstehen – der – kommt – einigen – gibt – eine – gehen – Schüler – der – hin – man – essen – trinken – Dafür – man – bezahlen – Uhr – die – meistens – Ende – kann – Deutschland – von – Stadt – Aber – muss – Reisen – eine – mitnehmen – Morgen – die – scheinen

5 Waagrecht: 4. reisen 7. probieren 10. Schulschluss 14. Kultur 15. Pünktlichkeit 19. Schuluniform
Senkrecht: 1. lecker 2. Missverständnis 3. König 5. Verein 6. fremd 8. beeilen 9. Gast 11. Straßenbahn (STRASSENBAHN) 12. streng 13. Ausländerin 16. tauschen 17. Verkehr 18. Ampel

6 Wissen Sie, wo das Rathaus ist? – Können Sie mir erklären, wie ich zum Bus komme? – Haben Sie verstanden, wann der Zug fährt? – Hast du eine Ahnung, wo Herr Schmidt ist? – Weißt du, wo Mozart gelebt hat ? – Kannst du mir erklären, was ein Nebensatz ist? – Hast du verstanden, warum der Computer nicht funktioniert? – Ich frage mich, wer die Matheaufgabe versteht. – Ich möchte gerne wissen, welche Deutschnote ich bekomme. – Peter hat gefragt, was die Hauptstadt von Österreich ist. – Susanne fragt sich, wer jetzt die Freundin von Peter ist. – Wir fragen uns, warum wir so viel lernen müssen. – Wir möchten gerne wissen, wann wir nach Hause dürfen. – Ich hätte gerne gewusst, wie viel dein Handy gekostet hat.

7 1. kalt – Grad 2. scheint 3. kalt – minus 4. regnet 5. warm 6. schneit

Wortschatz-Hitparade: Nomen

der Atlas, Atlanten	der König, -e
der Ausländer, –	die Königin, -nen
die Ausländerin, -nen	die Kultur, -en
der Austauschschüler, –	das Missverständnis, -se
die Austauschschülerin, -nen	das Projekt, -e
die Beobachtung, -en	die Pünktlichkeit Sg.
das Bundesland, ″-er	der Schulschluss Sg.
der Eindruck, ″-e	die Schuluniform, -en
der Gast, ″-e	die Straßenbahn, -en
das Gebäude, –	der Verein, -e
der Grad, –/-e	der Verkehr Sg.
die Jahreszeit, -en	die Vermutung, -en
das Klo, -s	die Wetterkarte, -n

8 1. Bundesländer 2. Atlas 3. Straßenbahn 4. Ampel 5. lecker 6. probieren 7. Königin 8. Jahreszeit 9. streng 10. windig 11. Verein 12. beeilen – Pünktlichkeit

Quellen:

S. 4, v.o.n.u.: T. Scherling, V. Daly, M. Koenig, H. Funk
S. 10, o.: R. Freyer; M. u. u.: H. Funk
S. 13, o.: L. Rohrmann; u.: V. Daly
S. 18: V. Daly
S. 24: P. Kunzler, U. Koithan
S. 25: L. Rohrmann
S. 28/29, a) Corel; b) L. Rohrmann; c) Land Berlin (Thie); d) Partner für Berlin / FTB Werbefotografie; e), f) L. Rohrmann; g) IFA Bilderteam; h) H. Funk
S. 30, Marco: H. Funk; Klaus, Steffi: V. Daly
S. 31, o., u.: L. Rohrmann, M.: T. Scherling
S. 36: V. Daly
Zeichnungen S. 36, 39, 63: Nikola Lainović
S. 38: V. Daly
S. 42, o.: L. Rohrmann, M. Koenig; u.: M. Koenig, L. Rohrmann
S. 43, o.: L. Rohrmann; u.: V. Daly
S. 48: o.: L. Rohrmann; u.: A. Sulzer
S. 54: L. Rohrmann
S. 55, 1.) H. Funk; 2.) M. Sturm; 3.) V. Daly; 4.) T. Scherling; 5.) S. Bennett; 6.), 8.) M. Koenig; 7.) Scuola Media Castione (Tessin); 9.) A. Sulzer
S. 62: M. Koenig
S. 68, 71, 74: V. Daly
S. 77: L. Rohrmann

Lernen im Gespräch

Wechselspiel

Nach dem Prinzip der „Informationslücke“ schaffen diese Partnerarbeitsblätter zahlreiche Sprechanlässe

- ideal zur spielerischen Wiederholung und Vertiefung
- Förderung der Sprechfertigkeit, Festigung grammatischer Strukturen
- Arbeitsblätter dienen als Kopiervorlagen
- ohne Vorbereitung im Unterricht einsetzbar

160 Seiten, 21 x 28 cm
ISBN 3-468-49994-9

Wechselspiel junior

Das bewährte Unterrichtskonzept gibt es auch für junge Lernende

- Themen und Wortschatz aus der Welt der Kinder und Jugendlichen
- zum großen Teil bildgesteuerte Arbeitsblätter (Kopiervorlagen)
- als Ergänzung zu jedem Lehrwerk einsetzbar
- zur Förderung der Sprech- und Schreibfertigkeit

128 Seiten, 21 x 28 cm
ISBN 3-468-49973-6

Infos & mehr
www.langenscheidt.de

kundenservice@langenscheidt.de
Langenscheidt Verlag
Postfach 40 11 20, 80711 München

L Langenscheidt
...weil Sprachen verbinden